Le port de Québec vers 1881

(Archives nationales du Québec, collection Michel Lessard. Photo Livernois).

Sous la direction de

André LAMOUREUX, prêtre,
directeur du Service de presse,
Archevêché de Montréal.

Avec la collaboration de

Jean HAMELIN, historien,
professeur à l'Université Laval ;

Alain ROY, prêtre,
animateur en pastorale-jeunesse.

Choix des illustrations :

Louis-André NAUD, prêtre,
directeur de l'Office de liturgie,
Archevêché de Québec,
professeur à la Faculté de théologie
de l'Université Laval ;

Armand GAGNE, prêtre,
archiviste de l'Archidiocèse de Québec ;

Claude TURMEL, prêtre,
directeur du Comité de construction
et d'art sacré, Archevêché de Montréal.

Conception et rédaction :

Jean PUYO.

Dessin :

Robert BRESSY.

Maquette :

Marc FAVREL.

Préface

L'Église est jeune

Il semble que notre temps soit plus que jamais marqué par un sentiment contagieux d'incertitude en ce qui concerne l'avenir. En relisant notre histoire, n'apparaît-il pas que nos ancêtres, pionniers et pionnières d'un monde nouveau, se soient peut-être, eux aussi, sentis à l'étroit dans leur monde familier ? Ils n'ont pas accepté de se laisser enfermer. Forts d'une espérance ancrée dans une foi inébranlable, ils se sont aventurés dans un pays neuf dont ils ne connaissaient ni les limites, ni les dangers, ni les ressources. Qu'à cela ne tienne ! Ils ont bâti ce merveilleux pays qu'ils nous ont offert en héritage. Ils ont opté en faveur d'un possible avenir. Celui que Dieu leur présentait plein de promesses. Aujourd'hui, notre tour est venu de prendre position face à demain. La suite de l'histoire dépend des choix que nous faisons, ici et maintenant.

Le monde, tel qu'il se présente à nous, est traversé de défis imposants, d'interrogations incessantes, d'appréhensions de toutes sortes. A une période de progrès accéléré semble succéder un temps de prudence, d'hésitation, voire d'essoufflement. Devant ces faits, les attitudes sont diverses. Certains démissionnent avant même de s'être engagés dans la vie. Vaut-il vraiment la peine d'entreprendre la route? D'autres attendent qu'un avenir doré leur parvienne sans effort, revu et corrigé selon un plan idéal. Ils oublient que toujours demeurera vrai le fruit de l'expérience: "A vaincre sans péril, on triomphe sans gloire". Heureusement, il y a aussi ceux et celles qui savent franchir vaillamment les murs de la peur et de l'incertitude. Ceux-là tracent un sillon de clarté dans notre univers et projettent des ondes d'amour. Pour eux, le monde et l'Eglise sont toujours jeunes. Ils ont de l'avenir. De semblables pionniers de la terre et de la foi défrichent sans cesse le pays de Dieu que nous habitons. Aujourd'hui comme hier, ils œuvrent au service de temps meilleurs où chacun, chacune a de l'avenir.

Dans cette optique, on peut déclarer sans crainte que l'Église de Québec est encore et toujours jeune ! Sa jeunesse, constamment renouvelée par son Seigneur, s'épanouit dans les femmes et les hommes merveilleux qu'elle convoque et rassemble depuis plus de trois siècles. Le présent album leur rend hommage en témoignant de leur contribution courageuse à l'édification d'un pays juste et fraternel. En faire mémoire n'est pas affaire de nostalgie du passé. Il s'agit plutôt d'une question d'avenir. Celui que nous sommes désormais appelés à bâtir.

Le courage de la foi a marqué notre histoire. Avec la puissance de l'Esprit, la force de l'Espérance nous ouvrira l'avenir.

Louis-Albert Cardinal Vachon,
Archevêque de Québec.

DEPUIS LE PREMIER VOYAGE DE JACQUES CARTIER, À LA RECHERCHE DE LA ROUTE DES INDES, DANS LE SAINT-LAURENT, EN 1534, PLUSIEURS TENTATIVES DE PEUPLEMENT, QU'ON AURAIT VOULU ACCESSOIREMENT D'ÉVANGÉLISATION DE LA NOUVELLE FRANCE, SE SONT SOLDÉES PAR DES ÉCHECS, NOTAMMENT EN ACADIE.
MAIS DE TERRE-NEUVE AU GOLFE DU SAINT-LAURENT IL N'Y A QU'UN PAS. ET LES BATEAUX DE PÊCHE À LA MORUE ABORDENT SOUVENT DANS CE DERNIER POUR Y FAIRE DU TROC AVEC LES INDIENS.

CASTORS, LOUTRES, PHOQUES, OURS, ELLES SONT BELLES. AMÈNE L'EAU-DE-VIE, LES COUTEAUX, LA QUINCAILLERIE ET TOUTE LA VERROTERIE.

CAP SUR TERRE-NEUVE POUR LA MORUE, CAPITAINE?

TU VEUX RIRE, GILDAS, CE QUE NOUS AVONS EN SOUTE VAUT CENT CAMPAGNES À LA MORUE. CAP SUR LA ROCHELLE!

CERTAINS ARMATEURS ET FINANCIERS, N'ONT MÊME QUE LA PÊCHE POUR PRÉTEXTE...

1

4

PENDANT CE TEMPS, LE PÈRE VIEL ET LE FRÈRE SAGARD, AUSSITÔT ARRIVÉS DE FRANCE, PARTENT CHEZ LES HURONS...

NOUS Y VOILÀ! PUISQUE VOUS BARAGOUINEZ LE MONTAGNAIS, FRÈRE SAGARD, C'EST LE MOMENT.

SI PEU QUE CE SOIT, CE QUE J'AI APPRIS À MONTARGIS, DANS LE LEXIQUE DU PÈRE LE CARON, VA NOUS AIDER À IMPLANTER NOTRE MISSION.

À SOUFFRIR ET À VIVRE COMME CES PAUVRES SAUVAGES, NOUS GAGNERONS DES BAPTÊMES. JE VAIS M'OCCUPER D'EUX.

JE PRENDS DES NOTES. IL FAUT QUE CE VOYAGE AU PAYS DES HURONS SERVE À NOS SUCCESSEURS...

M. DE CAEN, CONTRE LE PRIVILÈGE DU COMMERCE QUE VOUS A ACCORDÉ LE ROI, VOUS DEVIEZ INSTALLER 6 FAMILLES EN 15 ANS ET SUBVENIR À L'ENTRETIEN DE 6 MISSIONNAIRES PAR ANNÉE. OR VOUS NE NOUS FOURNISSEZ MÊME PAS LES QUELQUES VIVRES INDISPENSABLES.

LES BATEAUX SONT RARES ET IL FAUT BIEN QUE JE NOURRISSE D'ABORD MES AGENTS QUI COURENT LES BOIS!

LES PREMIERS JÉSUITES, BRÉBEUF, LALEMANT, MASSÉ, SONT ARRIVÉS À QUÉBEC EN JUIN 1625. UN AN PLUS TARD, CEUX DE FRANCE ENVOIENT DÉJÀ DU RENFORT.

CES TRAFIQUANTS DE PEAUX SE MOQUENT DU ROI. JE LES GÊNE, MAIS JE TIENDRAI BON.

BIENVENUE, MES AMIS, BIENVENUE!

VOICI DU RENFORT ET DU VRAI! NOUS AMENONS VINGT OUVRIERS.

5

8

LES IROQUOIS MANIFESTENT DES VELLÉITÉS D'AGRESSION CONTRE LES HURONS.

LES HURONS SONT NOS ALLIÉS, IL EST À CRAINDRE QUE LES IROQUOIS S'EN PRENNENT AUX FRANÇAIS.

ON DIT QUE CES HUGUENOTS DE HOLLANDAIS LEUR FOURNISSENT DES ARMES...

ET PENDANT QUE LE PÈRE BRÉBEUF LUTTE À 400 LIEUES DE QUÉBEC...

SEIGNEUR, MES GUIDES M'ONT ABANDONNÉ COMME VOUS VOS DISCIPLES; AIDEZ-MOI À ATTEINDRE LE PAYS DES ÂMES PERDUES...

CECI NE DOIT PAS NOUS EMPÊCHER D'ALLER RECONSTRUIRE DES MISSIONS. LE PÈRE LE JEUNE CHEZ LES ALGONQUINS, MOI CHEZ LES HURONS.

NOUS ALLONS FORTIFIER UN POSTE À TROIS-RIVIÈRES, IL PROTÈGERA LE COMMERCE DES FOURRURES ET L'ÉVANGÉLISATION DES ALGONQUINS. LE FORT RICHELIEU NOUS GARDE AUSSI. SI M. LE CARDINAL CONSENTAIT À M'ENVOYER 120 SOLDATS, NOUS VIENDRIONS À BOUT DES IROQUOIS...

...EN 1635...

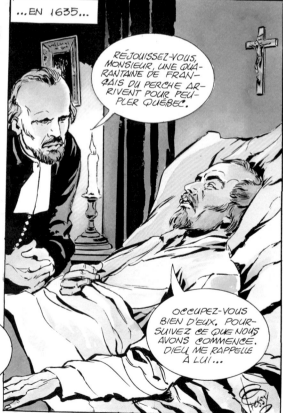

RÉJOUISSEZ-VOUS, MONSIEUR, UNE QUARANTAINE DE FRANÇAIS DU PERCHE ARRIVENT POUR PEUPLER QUÉBEC.

OCCUPEZ-VOUS BIEN D'EUX. POURSUIVEZ CE QUE NOUS AVONS COMMENCÉ. DIEU ME RAPPELLE À LUI...

...PUIS INSTALLE UNE MISÉRABLE MISSION AVEC LES PÈRES DANIEL ET DAVOST...

OOOH, ROBES NOIRES! DEPUIS QUE VOUS ÊTES LÀ, IL N'Y A PLUS DE GIBIER. LE GRAND CHEF EST MALADE...

NOUS MANGEONS DU GRUAU DE BLÉ D'INDE COMME TOI. DIEU N'A JAMAIS ABANDONNÉ SES ENFANTS.

9

11

L'ARRIVÉE DE LA FLOTTILLE DE M. DE MAISONNEUVE, EN JUILLET 1653, AMENANT DES RENFORTS DE FRANCE ET AUSSI MARGUERITE BOURGEOYS, INCLINE LES IROQUOIS À DEMANDER LA PAIX... QU'ILS ROMPENT À NOUVEAU EN 1656...

...PENDANT PLUSIEURS ANNÉES, CE SONT ENCORE MASSACRES DE HURONS ET DE MISSIONNAIRES. ON INSTAURE DES "RÈGLEMENTS D'ARMEMENT" AFIN QUE LES HABITANTS SE DÉFENDENT CONTRE LES TERRIBLES IROQUOIS "QUI VIENNENT EN RENARDS, ATTAQUENT EN LIONS ET FUIENT EN OISEAUX".

CETTE MÊME ANNÉE 1656...

M. DE MAISONNEUVE, QUELLE JOIE!

MÈRE MARIE DE L'INCARNATION, JE VOUS PRÉSENTE CES MM. DE ST-SULPICE: M. DE QUEYLUS ET SES COMPAGNONS, QUI ARRIVENT DE FRANCE ET VONT S'INSTALLER À VILLE-MARIE. CE SONT LES FUTURS ÉDUCATEURS DU CLERGÉ CANADIEN.

MM. DE ST-SULPICE VOUDRAIENT FAIRE DE M. DE QUEYLUS LE PREMIER ÉVÊQUE DE LA NOUVELLE FRANCE...

...ILS L'ONT FAIT SAVOIR À MAZARIN. ILS ONT ANNONCÉ QU'ILS DONNERONT LA MOITIÉ DE L'ÎLE DE MONTRÉAL, AVEC DROITS SEIGNEURIAUX ET REVENUS, À SON ÉVÊCHÉ.

ET EN 1659, LA RÉGENTE ANNE D'AUTRICHE, MÈRE DE LOUIS XIV, ET LE PAPE SE METTENT D'ACCORD POUR NOMMER LE CANDIDAT DES JÉSUITES.

PARIS EST À PLUS DE 1200 LIEUES. CE QU'IL NOUS FAUT ICI, C'EST UN ÉVÊQUE, UNI AVEC LES JÉSUITES.

M. LE GOUVERNEUR, VITE! LE BATEAU EST LÀ. LE VICAIRE APOSTOLIQUE, Mgr FRANÇOIS DE LAVAL EST DÉJÀ À TERRE!

SUR LES 37 TRIBUS DE HURONS, SOIT 30.000 À 40.000 SAUVAGES, IL NE RESTE PLUS QU'UN MILLIER DE VAGABONDS, PRESQUE TOUS BAPTISÉS... ON NE COMPTE PLUS QUE QUELQUES MILLIERS DE CHASSEURS SUR LES 200.000 ALGONQUINS...

OUI... ET 2.000 FRANÇAIS, CERTES BONS CHRÉTIENS, MAIS QUI TRAFIQUENT TANT QU'ILS LE PEUVENT AVEC LES INDIENS: LES PEAUX CONTRE L'ALCOOL, L'EAU-DE-MORT. IL VA FALLOIR S'EN OCCUPER...

LA GRANDE ÉPOPÉE MISSIONNAIRE S'ACHÈVE. L'ÉGLISE DE LA NOUVELLE FRANCE S'ORGANISE ET SE STRUCTURE.

LES "FILLES DU ROY"* SONT VENUES MARIER LES "COLONS" ET FAIRE PEUPLEMENT.

DES IROQUOIS, MARIE DE L'INCARNATION ÉCRIRA DIX ANS PLUS TARD: "ILS SONT UN GRAND PEUPLE ET UN GRAND PAYS; ILS FONT BAPTISER TOUS LEURS ENFANTS, ET TOUS SE RENDENT ASSIDUS À LA PRIÈRE ET À L'INSTRUCTION."

* VOIR ALBUM SUR MONTRÉAL.

Naissance de l'Eglise

L'Eglise de Québec est au cœur de l'histoire du Canada. Comment est-elle née ? Quelles épreuves ont connues ses pionniers ? Comment l'Evangile a-t-il réussi à prendre racine en ces Terres nouvelles ? Questions de première importance pour comprendre l'Eglise d'aujourd'hui.

Photo Mia et Klaus

La chute Montmorency près de Québec

Les Français qui s'embarquent pour le Canada ne sont pas tous animés des mêmes intentions. Certains ne s'intéressent qu'à améliorer leur sort ou à tirer profit du commerce avec les Amérindiens.

D'autres se préoccupent tout à la fois de bâtir et un pays et une Eglise semblables à la France.

Un petit nombre seulement estime que le salut d'une âme vaut mieux que la conquête d'un empire. Ce sont ces derniers qui vont donner à l'Eglise de Québec le visage qu'elle s'est façonné en Europe par le concile de Trente : une église fortement hiérarchisée, reliée à Rome, et animée d'un grand souffle missionnaire.

Tous, cependant, ont une chose en commun : une profonde ignorance des peuples qui habitent l'Amérique.

Qui sont les Amérindiens ?

Les Amérindiens sont des Asiatiques émigrés en Amérique du Nord, voici 40 000 ans, par une bande de terre qui reliait la Sibérie et l'Alaska. Ils se sont répandus en Amérique du Nord en suivant le réseau hydrographique. Ils ont développé une **culture** – des coutumes, des outils, des dialectes – qui les constitue en des peuples différents. On estime qu'ils sont entre 250 000 et 500 000, au début du 17e siècle, sur ce qui est aujourd'hui le Canada.

Dans le Nord-Est de l'Amérique, on distingue deux grandes familles d'Amérindiens.

La famille algonquienne habite les vastes forêts des Appalaches et du Bouclier canadien. Elle comprend plusieurs peuples : les Montagnais de Tadoussac, les Micmacs de la Gaspésie, etc. Ces peuples, qui considèrent comme leur territoire le bassin hydrographique qu'ils occupent, sont des **migrateurs.**

Ils vivent de pêche durant l'automne, de chasse durant l'hiver et l'été, tout en se reposant près d'un lac ou d'une rivière poissonneuse, ils font du troc avec les autres peuples.

La famille iroquoienne, plus au sud, occupe les bonnes terres arables. Elle regroupe des peuples **sédentaires.** Au sud du lac Champlain, la fédération iroquoise réunit cinq peuples. Dans la région de la baie Georgienne, la Confédération de Wendat – mieux connue sous le nom de Hurons – unit quatre peuples.

Les Iroquoiens vivent dans des villages et tirent leur subsistance de la culture du maïs, du tabac, des haricots et des courges. Chez ces peuples, c'est l'hiver qui est un temps de festivités.

Québec au carrefour des routes du troc

Au début du 17e siècle, les Français qui ont ⟨...⟩ bien exploré le littoral du Nord-Est de l'A⟨...⟩ rique, s'établissent à Québec en 1608. Ils sav⟨...⟩ qu'ils s'installent à un carrefour de routes ⟨...⟩ troc qui les reliera à tous les Amérindiens ⟨...⟩ Nord-Est.

Les Anglais choisissent de s'installer le long ⟨...⟩ la façade de l'Océan Atlantique. Ils sont coi⟨...⟩ entre la mer et les Alleghanys. Les Français, ⟨...⟩ par le Saint-Laurent, ont accès aux grands ⟨...⟩ et, par l'Ohio, au Mississippi, les tienn⟨...⟩ comme dans une tenaille.

Dès son arrivée, en 1608, Champlain m⟨...⟩ profit le site qu'il occupe. Il s'allie ⟨...⟩ Montagnais et aux Hurons, qui ont la ha⟨...⟩ main sur le commerce des fourrures. Qué⟨...⟩ devient tout naturellement le grand centr⟨...⟩ troc entre Français et Amérindiens.

Mais les Anglais s'allient aux Iroquois d⟨...⟩ l'espoir que ceux-ci canaliseront vers l'Hud⟨...⟩ le commerce des fourrures.

L'arrivée des Blancs chambarde le préc⟨...⟩ équilibre qui existe entre les peuples amé⟨...⟩ diens.

A partir de 1634, la petite vérole prend ⟨...⟩ proportions épidémiques. Le commerce ⟨...⟩ fourrures engendre la dépendance des Amé⟨...⟩ diens envers les Blancs. L'eau-de-vie devien⟨...⟩ fléau. Plus grave encore, les rivalités com⟨...⟩ ciales engendrent des guerres incessa⟨...⟩ entre Français et Anglais, et partant, entre l⟨...⟩ alliés.

De là, les raids des Iroquois contre Ville-M⟨...⟩ afin de détourner le commerce des grands ⟨...⟩ vers Orange, via la vallée du Richelieu.

emières missions

ts de l'appui de personnes de haut rang, les **collets** sont les premiers missionnaires à ondre à l'appel de Champlain. En 1615, atre d'entre eux, sous la conduite de Denis net, débarquent à Québec. De suite, le père eph Le Caron se rend au Sault-Saint-Louis des guides l'amènent en Huronie. Le père n Dolbeau se prépare à hiverner chez les ntagnais. En 1621, les Récollets s'installent is le couvent Notre-Dame-des-Anges, une deste maison palissadée, dans un méandre la rivière Saint-Charles, près de Québec. desservent l'habitation de Champlain et ils ssionnent auprès des Amérindiens.

s tôt, les Récollets découvrent que le temps s semailles sera long et ardu. L'évangé-tion des Amérindiens suppose, de la part s missionnaires, une endurance physique et rale hors du commun, une ouverture sprit et un grand amour; mais aussi des sources financières considérables.

s dures réalités n'ébranlent pas le moral des collets; grâce à eux, l'Eglise de France prend nscience de ses responsabilités: elle leur voie des renforts.

L'épopée des Jésuites

En 1625, le père Charles Lalemant arrive à Québec avec trois collègues pour établir une mission. Ils établissent leur base d'opération à Québec.

Les premières années sont des années d'adap-tation et de tâtonnements. Leurs actes, parfois héroïques, ne leur évitent pas de nombreux échecs que, seule, leur foi en Jésus-Christ leur permet de surmonter.

Ces vaines tentatives leur permettent d'éla-borer leur stratégie missionnaire. Chaque année, le supérieur envoie une relation des événements et des lettres de missionnaires qu'on imprime en France sous le nom de **Relation**[1]. Cette publication fait connaître le Canada, suscite des vocations et enflamme le zèle des âmes généreuses.

De passage à Québec, les missionnaires mettent au point des dictionnaires, des gram-maires, des cartes; ils préparent des caté-chismes et du matériel pédagogique. Très tôt, ils abandonnent l'idée de franciser les Amérin-diens: ceux-ci seraient plus ouverts au message de Jésus s'ils pouvaient l'incarner dans leur culture.

La folle aventure

L'annonce de l'Evangile lance les Jésuites dans une folle aventure à travers le continent. On les voit explorer des fleuves inconnus, séjourner aux carrefours des routes du troc et ériger des églises dans tous les bassins hydrographiques. Ils vont connaître de grandes joies, de grandes peines, toujours énormément de souffrance.

Les guerres intertribales suscitées par la concur-rence commerciale, les épidémies de petite vérole, les manœuvres des commerçants fran-çais qui s'opposent à l'évangélisation des Amérindiens, autant de forces qui sapent leur travail. Les missions de la Huronie sont détruites par les Iroquois à la fin des années 1640. Le père Antoine Daniel périt percé de flèches et les pères Jean de Brébeuf et Gabriel Lalemant meurent à la suite de tortures indi-cibles. Quelques années auparavant, le père Isaac Jogues et le "donné" Jean de La Lande avaient péri assassinés en tentant de mis-sionner en Iroquoisie. Ces épreuves ne rebutent pas les missionnaires qui continuent d'an-noncer la Bonne Nouvelle du Salut en Acadie, dans la forêt boréale de la vallée du Saint-Laurent, dans la région des Grands Lacs, et jusque dans la vallée du Mississipi.

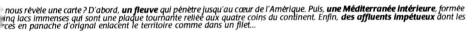

nous révèle une carte? D'abord, **un fleuve** qui pénètre jusqu'au cœur de l'Amérique. Puis, **une Méditerranée intérieure**, formée ing lacs immenses qui sont une plaque tournante reliée aux quatre coins du continent. Enfin, **des affluents impétueux** dont les ces en panache d'orignal enlacent le territoire comme dans un filet...

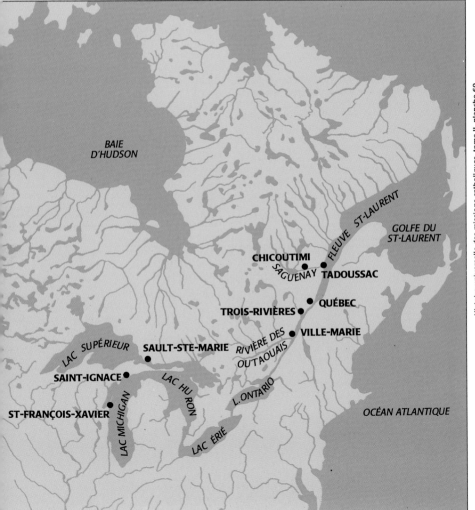

Histoire universelle des missions catholiques, tome II, planche 60

Amérindiens de la tribu des Outaouais, 1787.

Les croyances des Amérindiens

Les Amérindiens croient que l'homme est composé d'un corps et d'un esprit. Celui-ci a les mêmes qualités que le corps dont il est autonome, de sorte que durant le sommeil il peut aller dans le royaume des esprits. Les Amérindiens se sentent très dépendants d'autres êtres dont l'esprit réside dans les choses. C'est là le fondement d'une religion naturelle qui les amène à attribuer une âme aux choses et aux animaux. Ils expriment cette dépendance dans une religiosité dont les formes varient d'un peuple à l'autre. Ils ont une certaine notion du sacri-fice. C'est-à-dire d'une offrande de quelque chose à une divinité, le sens de la purification du corps par les bains de vapeur et le jeûne et de celle de l'âme par des chants et des prières.

Voir album Montréal page 16.

Premiers témoins de la foi

Nouvelle interrogation : pourquoi les chrétiennes et les chrétiens de France dont nous venons de parler chérissaient-ils, avant même de se rendre vers eux, les Indiens de la Nouvelle France ? Il n'y avait à cette époque ni TV, ni radio, ni grands reporters : comment les connaissaient-ils ?

La réponse ne fait pas de doute : ils avaient lu, ou entendu lire, les **Relations** rédigées, à partir des années 1630, par les premiers Jésuites ayant vécu parmi les Indiens.

Submergés d'images insolites, qui nous parviennent des lieux les plus reculés du monde, il nous est difficile d'imaginer aujourd'hui le choc que durent produire sur leurs lecteurs ou leurs auditeurs ces récits inouïs. A la fois comptes rendus de ces premiers témoins de la foi et appels adressés à la générosité des chrétiens de France, les **Relations** ne pouvaient qu'émouvoir leurs destinataires.

Que cherchaient à faire les Jésuites lorsqu'ils se rendaient auprès des nomades indiens ? "Arrêter les sauvages", écrivait le Père Le Jeune. Il voulait dire les **sédentariser**, pour les humaniser et les rendre ainsi plus accessibles au message du Christ :

"Tant qu'ils seront errants, poursuivait-il, vous les instruirez aujourd'hui ; demain la faim vous enlèvera vos auditeurs, les contraignant d'aller chercher leur vie dans les fleuves et dans les bois."

Mais, pour les "fixer", il fallait que des Français viennent partager leur existence, comme le faisaient les Pères Jésuites. Quels Français auraient ce courage ? Un jour que le Père Le Jeune confiait aux Montagnais (une tribu indienne) son projet de faire venir des paysans de France pour les aider à améliorer leur mode de culture, le sorcier de la tribu lui déclara :

"Tu mens, car on ne voit point d'homme au monde si bien comme tu dis, qui voudrait prendre la peine de nous secourir sans espoir de récompense ; si tu faisais cela, tu arrêterais la plupart des sauvages, et ils croiraient tous à tes paroles."

Vivre parmi les "Sauvages"

Le Père Brébeuf, un autre Jésuite célèbre de ces commencements de la mission, ne promet pas le confort à ceux qui viendront le rejoindre :

"Nous vous recevrons dans une si chétive cabane que je n'en trouve point quasi en France d'assez misérable pour vous pouvoir dire : voilà comment vous serez logés... Mais n'est-ce pas être en paradis, jour et nuit, que de n'être séparé du Bien-Aimé des Nations que de quelque écorce ou branche d'arbre."

Les paysans français du 17e siècle ne vivaient certes pas dans un grand confort ! Mais la belle-étoile au Canada, ce ne devait par être tous les jours le Paradis !

Le Père Le Jeune est encore plus précis que son confrère en parlant de leur habitation. *"Le beau Louvre !"*, écrit-il non sans humour. On sait que le Louvre, résidence à Paris du roi et de la reine, était l'une des merveilles de ce temps *. Voici la description du "Louvre" du Père Le Jeune :

La hutte était si basse, qu'il fallait être *"toujours couché ou assis sur la plate terre"* ; si mal jointes étaient les écorces, que *"le plus gros hiver de France y eût pu tous les jours passer tout entier sans empressement"* ; et si vif était le feu, qu'on grillait ; la fumée *"faisait pleurer"* ; il fallait *"mettre la bouche contre terre pour pouvoir respirer"*, et à peine Le Jeune, aveuglé, pouvait-il déchiffrer son bréviaire.

Les chiens lui passaient *"et sur la face et sur le ventre"* et portaient *"le nez dans son écuelle plus tôt qu'il n'y portait la main"*.

Voilà comment les premiers témoins de la foi en Nouvelle France espèrent attirer des vocations : en révélant à des jeunes dont ils savent la générosité, la pure et dure vérité. Admirable, non ? cette remarque à l'adresse des jeunes de France :

"Il faut prendre sa vie, et tout ce qu'on a, et la jeter à l'abandon, pour ainsi dire, se contentant d'une croix bien grosse et bien pesante pour toute richesse."

---

* aujourd'hui musée du Louvre

Au péril de leur vie

Et comment vivent-ils les Jésuites, les Récolle lorsqu'ils ont quitté leur cabane d'écorce ou branchage ? Comme leurs frères d'infortu On le devine à travers cette réflexion du Pè Brébeuf :

"Si vous pouviez aller nu et porter des charges cheval sur votre dos comme ils le font, alors ve seriez savant en leur doctrine et reconnu pour grand homme ; autrement, non."

Comprenons : pour évangéliser ces peup "sauvages", avertit l'intrépide missionnaire, il servirait à rien d'être savant si, d'abord, on partageait totalement leur dure existence. péril de sa vie. On rapporte que le Père Brébe se rendant chez les Hurons fut arrêté tren cinq fois par les rapides ; qu'il avait dû por son canot sur ses épaules ; le traîner plus cinquante fois dans le fleuve ; et finaleme exténué, fut laissé seul par ses guides, sa ressource, sans abri, dans une baie déser Bientôt, cet admirable prêtre mourra avec l' de ses confrères dans d'atroces supplices qui lui arracheront que des cris d'amour pour ce qui le martyrisaient.

On comprend maintenant pourquoi de jeur Français se mirent à chérir les Indiens ; po quoi plusieurs s'embarqueront pour vivre folle aventure de la fondation de Montré Ils avaient été subjugués par la foi héroïq de ces premiers témoins de la foi.

Ici, en Nouvelle France, comme en d'autr lieux et en d'autres temps de l'histoire christianisme, le sang des martyrs, la générosi des apôtres furent la semence d'où dev naître l'Eglise du Canada.

Planter ou transplanter une Eglise ?

Planter ou transplanter ne sont pas des verbe synonymes. Transplanter signifie qu'on va reproduir dans un autre lieu les traits d'une Eglise qui existe ailleurs Au contraire, planter signifie qu'on va laisser les peuple qu'on évangélise adapter l'Eglise à leur culture. Entre le missionnaires et les gens du pays s'instaure u dialogue créateur d'une nouvelle église qui tradu l'unique message dans de nouvelles formes d'institution et de rites et de pratiques. Au 17e siècle, on se souci davantage de transplanter que de planter.

... Si mal jointes étaient les écorces, que le plus gros hiver de France y eût pu tous les jours passer tout entier sans empresseme...

Photo Mia et Klaus

16

Jean de Brébeuf

Qui est le Père Jean de Brébeuf?
Il suffit pour s'en faire une idée
[d]e regarder un instant son portrait.
Élégance des traits,
beauté du vaste front dégarni,
profondeur du regard...
la noblesse de cœur
et d'intelligence de ce Jésuite
est éclatante.

[Il] naît à Condé-sur-Vire, en Basse-Nor-[ma]ndie, le 25 mars 1593, dans une famille de [hau]te aristocratie. Il meurt en Huronie, sous la [tor]ture des Iroquois, le 16 mars 1649. Il avait [cin]quante-six ans. Il venait de vivre, en [plu]sieurs séjours, quinze ans chez les Hurons, [dan]s l'unique visée de leur faire connaître le [die]u de Jésus-Christ.

[Qu]inze années d'un partage de vie si intime [qu']il est, parmi les Français de l'époque, l'un de [ceu]x qui connaît le mieux les *"Sauvages"*, [com]me on les appelait alors. Il les connaît, et il [les] estime. Il parle d'eux avec clairvoyance: [cel]le que donne le cœur. Il leur trouve des [qu]alités que n'ont pas toujours *"Messieurs et [Da]mes de la chrestienté"*. Il espère en consé-[qu]ence qu'ils ne feront par trop attendre le Fils [de] Dieu à leur porte... C'est un père qui parle de [ses] enfants, dans une langue simple et savou-[reu]se: si l'amour ne lui voile pas leurs défauts, [il] fait apprécier leurs belles qualités.

[O]n y voit reluire d'assez belles vertus morales... [si] grand amour et union, qu'ils sont soigneux de [cul]tiver par le moyen de leurs mariages, de leurs [pré]sents, de leurs festins et de leurs fréquentes [vi]tes. Au retour de leurs pesche, de leur chasse... [ils] s'entredonnent beaucoup; s'ils ont pris quelque [cho]se d'exquis... ils en font festin à tout le village. [L'h]ospitalité envers toutes sortes d'estrangers y est [re]marquable... Que diray-je de leur étrange [pa]tience, dans leur pauvreté et maladies? Nous [avo]ns vu cette année les villages entiers sur la [ter]re, nourris (de nourriture misérable), et cepen-[dan]t pas un mot pour se plaindre, pas un mouve-[me]nt d'impatience. Ils reçoivent bien plus constam-[me]nt la nouvelle de la mort, que ces Messieurs et [Da]mes de la Chrestienté, à qui on en oserait ouvrir [la] bouche...

[No]us avons espérance que Notre Seigneur [do]nnera en fin la lumière de sa cognoissance, et [co]mmuniquera l'ardeur de ses grâces à cette [na]tion, qu'il semble y avoir disposée par la [pra]tique de cette belle vertu. Ils ne refusent jamais [la] porte à un estranger et puisque le Fils de Dieu est [ve]nu comme estranger en sa propre maison, je me [pro]mets que ces bonnes gens le recevront à toutes [heu]res en leur cœur, sans le faire attendre à la porte [pa]r trop de dureté..."

[La] dureté, elle est pour lui, Jean de Brébeuf. Il le [pr]essent, il le sait, il l'attend avec une admirable [sé]rénité. Un jour qu'après un voyage épuisant, [se]s compagnons de voyage l'ont abandonné...

Portrait de saint Jean de Brébeuf, jésuite. J.-J. Boyes, huile sur toile, vers 1907. Exécuté d'après un portrait d'époque du père Brébeuf. Conservé à la Maison des Jésuites de Saint Jérôme.

"Mes sauvages, oubliant (mes bienfaits), après m'avoir débarqué..., m'abandonnèrent là tout seul, sans vivre, ny sans cabane, reprindrent leur route vers leurs villages...

Ils partent et je me prosterne aussi-tost à genoux, pour remercier Dieu, Notre Dame et St Joseph des faveurs et des grâces que j'avais receuës durant le voyage."

Quelle grandeur dans la foi et la fidélité! Le portrait ne nous a pas trompés: Jean de Brébeuf est une *"grande âme"*, selon une expression chère au 17e siècle.

L'apôtre des Hurons connaîtra bien d'autres moments difficiles parmi ses chers *"Sauvages"* jusqu'au jour où éclatera le drame. En 1649, plus de mille Iroquois, armés par les Hollandais, se lanceront à l'assaut de la Huronie, et l'exter-mineront. Jean de Brébeuf et Gabriel Lalement n'ont pas quitté la mission. Le 16 mars ils sont faits prisonniers et conduits à Saint-Ignace. Ils mourront dans d'atroces supplices, comme en témoignera le "donné" Christophe Regnault qui a pu voir les restes du Père de Brébeuf, peu après le drame.

"Le Pére Brébeuf avoit les jambes, les cuisses et les bras tous decharnez jusqu'aux os; j'ay veu et touché quantité de grosses ampoules qu'il avoit en plusieurs endroits de son corps; de l'eau boüillante que ces barbares lui avoient versé en dérision du Saint Baptesme.

J'ai veu et touché les deux lèvres qu'on luy avoit couppées à cause qu'il parloit tousjours de Dieu pendant qu'on le faisoit souffrir.

J'ay veu et touché tous les endroits de son corps, qui avoit receu plus de deux cents coups de baston; j'ay veu et touché le dessus de sa teste ecorché; J'ay veu et touché l'ouverture que ces barbares luy firent pour luy arracher le cœur..."

Ainsi mourut atrocement celui qu'on a appelé *"l'Apôtre au cœur mangé"*. La mission en Huronie s'éteignait avec lui, qui l'avait commencée. Mais le sang des martyrs eut cette conséquence inattendue: la dispersion de la Nation huronne provoqua l'expansion de la foi chrétienne parmi les nations du bassin des Grands Lacs. Ces convertis formeront les éléments des chrétientés que les Jésuites iront fonder chez les Iroquois et chez les Nations de l'Ouest.

L'arrivée des Ursulines et des Hospitalières

Le 1er août 1639, la nouvelle se répand dans la petite communauté de Québec — à peine deux cents personnes : "Une barque est annoncée portant un Collège de Jésuites, une Maison d'Hospitalières et un Couvent d'Ursulines"
(Relation de 1639).

Et le rédacteur d'ajouter avec émerveillement : "On voyait sortir d'une prison flottante ces vierges consacrées à Dieu, aussi fraîches et aussi vermeilles que quand elles partirent de leur maison, tout l'océan avec ses flots et ses tempêtes n'ayant pas altéré un seul brin de leur santé."

Et cependant quel voyage, en particulier durant les 10 jours de navigation sur le Saint-Laurent, de Tadoussac à l'île d'Orléans. Mère Cécile de Sainte-Croix écrit à ses sœurs de Dieppe : "Nous étions si serrées que celle d'un bout ne pouvait passer sans faire lever les autres". La nourriture : "de la morue au vinaigre sans beurre". Le coucher : "Dans une petite chambre, pleine de morue quasi jusqu'en haut, si bien que nous n'y pouvions tenir que couchées les unes sur les autres, tassées comme du pain au four". Et elles sont si mouillées à l'arrivée que "notre cotte (robe grise que portent les Ursulines sous la robe noire) en demeura plusieurs jours sans sécher."

La petite communauté québécoise les fête, les acclame. Le Gouverneur leur fait les honneurs des lieux, encore bien modestes : 5 ou 6 petites maisons bâties près du fort. Les Hospitalières sont conduites dans la maison qui leur était destinée ; les Ursulines dans celle que loue Mme de La Peltrie, leur généreuse fondatrice.

Les Ursulines passent leur première nuit "sur branches de sapin avec une simple couvertu. Le lendemain, le père Le Jeune leur prése des catéchumènes . Une fillette amérindien est baptisée. Joie inexprimable de Mme de Peltrie et de ses soeurs:

"Elles avaient beau se cacher, leur joie se trouv trop resserrée dans leur coeur, se répandait leurs yeux...

Mme de La Peltrie qui conduisait la bande rencontrait petite fille Sauvage qu'elle n'embras avec des signes d'amour si doux et si fort, que pauvres barbares en restaient d'autant p étonnés qu'ils sont froids en leurs rencontres.

Toutes les sœurs faisaient de même sans pren garde si ces petits enfants sauvages étaient sales non, ni sans se demander si c'était la coutume pays, la loi d'amour l'emportait par dessus tou les considérations humaines."
(Relation de 1639.)

Vue à vol d'oiseau de la ville de Québec. Au premier plan, la basse-ville où l'on peut apercevoir, à droite, des murs dont les bases da de l'époque de Champlain. Plus loin, dans la haute-ville, on reconnaîtra la basilique-cathédrale, le Château Frontenac et le Parlem

Photo Mia et Klaus

18

s le début de la colonie, les Ursulines ont pris en charge l'éducation des jeunes amérindiennes, puis de l'ensemble des jeunes filles de ? de Québec. On voit ici la communauté étudiante, maîtresses et élèves, prenant un moment de détente dans la cour de récréation 1890). (Archives nationales de Québec, collection Michel Lessard).

Le chroniqueur note des *"escapades de prisonnières lassées rivalisant d'agilité avec les gentils écureuils".* Et il commente avec indulgence: *"Elles avaient beau jeu à s'enfuir à travers les grands bois touffus auxquels la forte brise d'automne prêtait la voix enchanteresse."*

Cette réflexion témoigne à la fois de la tendresse des missionnaires pour ces petites sauvagesses, mais aussi de la difficulté qu'ils connaîtront à les évangéliser, en transposant en Nouvelle-France les modes d'éducation de la France.

Mais que de courage de la part d'une femme du monde comme Mme de La Peltrie, pour vivre aussi pauvrement. Les Sauvages ne s'y trompent pas : lorsqu'elle va *"les visiter par eau, ces bonnes gens lui font une petite salve d'arquebuzades lorsqu'elle se désembarque".*

Et que d'efforts pour apprendre la langue, très riche mais très complexe des Algonquins, et peu apte à traduire les réalités de la foi chrétienne.

les jours suivants, les Ursulines organisent "couvent" : *"deux petites pièces qui servent de ne, de réfectoire, de classe, de parloir, de ur... une petite église de bois qui est agréable r sa pauvreté".* *"Les planches disjointes laisnt apercevoir les étoiles durant la nuit et à peine vait-on y tenir une chandelle allumée".*

e de Mère Marie de l'Incarnation, 3 septembre 1640).

is, observe Mère Cécile, *nous avons la plus ? vue du monde : sans sortir de notre chambre ? voyons arriver les navires qui demeurent ?urs devant notre maison tout le temps qu'ils ? ici."*

couvent" est à la dimension du cœur des reli-?ses : capable, malgré sa modestie, d'ac-?llir, outre les deux Ursulines de Tours et les ? Hospitalières de Dieppe, de six à dix-huit ?sionnaires fillettes indigènes ; et *"les femmes ?vages catéchumènes ou déjà chrétiennes"* sont ?nises à l'intérieur de la clôture pour se ?parer aux sacrements.

? clôture de pieux qui sont environ de la ?teur d'une petite muraille."

?outable enfermement que supportent mal fillettes.

Photo Ministère du Tourisme et des Loisirs d'Ontario

Maison longue huronne que l'on trouve reconstituée au Parc historique de la Huronie, à Sainte-Marie-au-Pays-des-Hurons, Midland, Ontario. On vivait dans une société matriarcale. La grand-mère partageait son toit avec ses filles, leurs maris et leurs enfants. Dans une maison longue, on pouvait loger 4 ou 5 familles où chacune avait son espace réservé (son feu). De l'avis des contemporains, ces maisons étaient confortables et aménagées avec soins.

ain de Louise Carrier-Gagné (1964). (Musée de l'Hôtel-Dieu de Québec).

Catherine de Saint-Augustin

Catherine de Saint-Augustin est l'une des fondatrices de l'Église du Canada, petite moniale si charmante, si attachante, si séduisante, comme le rapporte la circulaire sur la mort de Sœur Catherine :

"Son extérieur avait un charme le plus attirant et le plus gageant du monde ; il n'était pas possible de la voir et de ne pas l'aimer. Son naturel était des plus accomplis que l'on pût souhaiter... Son corps, son âme et sa personne sont tellement composés qu'il ne se voit en elle que le bien, sans aucune imperfection qui paraisse à nos yeux."

Cette moniale *"douce et aimable pour tout le monde"* s'est saisie par le Seigneur dès son tout jeune âge, parce qu'il la prédestinait pour une mission très particulière pour laquelle il avait *"mis en elle un trésor de grâces et de bénédictions célestes".* (...)

Dieu sait combien cette courte existence a été marquée par la souffrance. Douleur des ruptures d'abord. Rupture avec une vie facile et attrayante que lui promettaient ses exquises qualité de corps et d'esprit et à laquelle elle se reproche

d'avoir cédé pour un temps ; rupture avec sa famille pour entrer au noviciat des Hospitalières de Bayeux ; rupture avec sa patrie pour entreprendre sa mission au Canada. (...) On peut presque dire que sa vocation fut de souffrir. Souffrances dues d'abord à sa santé délicate (...). Souffrances dues aussi aux terribles tentations qui n'ont cessé de l'assaillir pendant toute sa mission en terre canadienne, cette tentation entre autres de retourner en France et que son vœu de stabilité au Canada n'a pas réussi à contrer. Souffrances extrêmes que lui ont fait subir les démons et qu'elle a supportées d'une manière héroïque et dont elle aurait pu être délivrée même sans déplaire à Dieu.

Oui, ce sont 20 années de souffrances incroyables assumées en toute conformité à la volonté de Dieu et qui ont servi à sauver cette Église du Canada menacée de disparaître dès ses débuts.

Jean-Robert Hamel
in "Pastorale Québec", 2 juin 1986.

Après un an d'étude, Marie de l'Incarnation écrit :

"Je vous avoue qu'il y a bien des épines à apprendre un langage si contraire au nôtre ; et pourtant on se rit de moi quand je dis qu'il y a de la peine : car on me présente que si la peine était si grande, je n'y aurais pas tant de facilité. Mais, croyez-moi, le désir de parler fait beaucoup ; je voudrais faire sortir mon coeur par ma langue, pour dire à mes chers néophytes ce qu'il sent de l'amour de Dieu et de Jésus notre bon Maître."
(Lettre du 30 août 1641).

"Faire sortir mon coeur par ma langue", Marie de l'Incarnation pouvait-elle dire plus joliment son ardent désir de témoigner de son amour de Dieu ! Non seulement par sa langue mais par toute sa vie.

Au contact des Français, les populations indigènes vont bientôt contracter des épidémies. Les ennemis de la présence française en rendent responsables les religieuses.

Le père Le Jeune rapporte certains de leurs arguments : *"Les Français, disent-ils, enseignent*

que la première femme — Eve — a introduit la dedans le monde : ce qu'ils disent est vra femmes de leur pays sont capables de cette m et c'est pour cela qu'ils les font passer er contrées, pour nous faire perdre la vie..."
Les religieuses ne pouvaient connaître épre plus douloureuse : on les accusait de vo *"faire perdre la vie"* alors qu'elles ava traversé l'océan pour conduire à la *"vraie* ces populations qui en étaient si éloignées. allaient bientôt connaître le prix de cet enfa ment.

Monastère des Ursulines de Trois-Rivières, fondé en 1690.

Sculpture de Jean Bourgault (Musée des Ursulines).

Marie de l'Incarnation

Elle était encore tout enfant que la petite Marie Guy entendait Jésus lui demander: *"Voulez-vous estre à mo* Le "oui" que Marie répondait alors allait être détermin Bien qu'elle manifestât le désir de devenir religieuse, parents organisent son mariage à un maître ouvrier soie dont elle est veuve à 19 ans ! La naissance du p Claude, âgé de 6 mois au moment de la mort de son p avait été le seul rayon de soleil dans ce mariage ép mère.
Pendant 14 ans, Marie vivra déchirée, au milieu de m difficultés matérielles et morales, entre ses obligati familiales et l'appel de plus en plus pressant de Di Jamais elle ne cesse d'expérimenter *"un paradis intérie* ni de recevoir *"d'ineffables révélations concernant le mys de la sainte Trinité"*. Marie est bien fille du 17e siècle fr çais, à la fois capable de la plus profonde vie mystiqu de la plus grande maîtrise dans les affaires.
La voix secrète ne s'est jamais tue et *"le 25 janvier 1631, abandonne son vieux père, confie son fils Claude à la ga de sa soeur, et entre toute brisée au noviciat des Ursulines Tours. Comme Abraham, Marie obéissait à des exigen divines, ratifiées par son directeur spirituel et par l'évêque Tours. Revenant plus tard sur cet épisode douloureux, Mo avouera qu'elle s'était sentie mourir «toute vive»* [1].
Marie devient religieuse ursuline sous le nom de Marie l'Incarnation et prononce ses voeux religieux en 16 La voix intérieure se fait entendre de plus en plus : so Marie de l'Incarnation a la secrète conviction que monastère de Tours n'est qu'un lieu de passage. *"C'es Canada que je t'ai fait voir ; il faut que tu y ailles faire u maison à Jésus et à Marie."*
Le lecteur sait par la bande dessinée comment elle arrive le 1er août 1639, 8 ans après son entrée chez Ursulines de Tours. Pendant 33 ans, elle participe à première évangélisation du Québec. Mère spirituelle l'Église canadienne, elle connut toutes les épreuves in gées à son pays d'adoption[1]. Avant de mourir, e envoya un message de tendresse à son fils Clau devenu bénédictin de Saint-Maur : *"Dites-lui que je l'e porte dans mon coeur."* Elle dit adieu à ses petites sau gesses et s'éteignit à l'âge de 72 ans et 6 mois, le 30 a 1672.

(1) Dictionnaire biographique du Canada, arti GUYART Marie, dite de l'Incarnation, fondatrice des Ur lines de la Nouvelle-France.

L'évangé-sation des Amérin-diens : un succès ?

*us venons de faire connaissance
*ces admirables témoins de la foi
que sont les Pères Brébeuf,
Lalemant, Mme de La Peltrie,
Mère Marie de l'Incarnation,
figures de proue d'une cohorte
*missionnaires qui ont tant donné
*r la conversion des Amérindiens.
Une question se pose :
ont-ils réussi ?*

La réponse est mitigée. La disparition préma-turée de la Huronie a contrecarré l'entreprise d'évangélisation. Les rivalités entre confessions chrétiennes ont miné la crédibilité des mission-naires auprès de certains peuples soumis à l'in-fluence anglaise et française.

Une conception du christianisme encore trop tributaire de la civilisation européenne s'est souvent butée à la résistance culturelle des Amérindiens.

Car on oublie trop souvent ce fait : les Amérin-diens avaient une culture et ils ne voulaient pas la perdre ; ils fuyent les écoles — conçues sur le modèle des "séminaires" français — où les reli-gieuses et religieux cherchent à les sédenta-riser. Il faut donc reconnaître que *"malgré d'écla-tants succès, les conversions de Sauvages sont restées généralement superficielles ou de dernière heure."* (Jacques Mathieu).

Peu à peu, les institutions nées d'un rêve missionnaire se tournent vers le service de la communauté française. Celle-ci ne cesse de croître. Vers 1659, l'établissement français s'étire sur près de 300 km en bordure du fleuve. La population est répartie en trois agglomérat-ions : Québec, Trois-Rivières et Montréal.

Québec est la plus peuplée.

En 1683, Mgr de Laval estime que Québec et sa banlieue auraient 1 354 âmes... et Ville-Marie environ 641 habitants.

Croissance de la population du Canada d'origine française

1627 :	100	personnes environ
1645 :	300	
1658 :	1 700	
1660 :	2 000	(le tiers né sur place)
1663 :	3 035	

ortrait du chef huron Zacharëe-ï-Oÿïn, alias Vincent. (Collection Mme C. Bertrand).

Photo A. Kilbertus

La belle huronne. Peinture de Théophile Hamel vers 1840. (Collection Mme C. Bertrand).

Mgr de Laval, évêque de Québec

Les raids iroquois avaient désorganisé le commerce et semé la panique.
Dès son accession au trône en 1661, le jeune Louis XIV se met à l'écoute des Français du Canada.
Au début de 1663, il passe aux actes. La Nouvelle-France devient une colonie royale administrée, comme les provinces de France, par un gouverneur, un intendant et un conseil. Le roi envoie un régiment mater les Iroquois. L'immigration est favorisée.

Naissance du diocèse de Québec

Aux jours héroïques de la première pénétration chrétienne va succéder le temps de l'organisation de l'Église du Canada. Un évêque est réclamé aussi bien par les Sulpiciens de Ville-Marie que par les Jésuites de Québec, bien qu'ils ne soient pas d'accord sur le nom du candidat. Au terme de multiples négociations entre le roi et le pape, ce dernier érige la Nouvelle-France en un vicariat apostolique ; et il nomme le candidat du roi et des Jésuites à la tête du nouveau siège épiscopal situé à Québec. Le 8 décembre 1658, le nonce apostolique à Paris impose les mains à François de Laval dans l'abbaye de Saint-Germain-des-Prés.

Mgr de Laval arrive à Québec accompagné de trois prêtres et d'un tonsuré, le 16 juin 1659. Il a 35 ans. Il a *"une haute stature, un port grave et majestueux"*. Son visage rayonne une grande bonté qui adoucit la sévérité de ses traits. Son premier souci est de faire reconnaître l'autorité de l'évêque, d'assurer l'indépendance de l'Église face au pouvoir civil et d'amener Jésuites et Sulpiciens à renoncer aux habitudes d'indépendance qu'ils avaient prises en l'absence d'un évêque.

Puis il s'attaque à ceux qui trafiquent de l'eau-de-vie avec les Amérindiens, allant jusqu'à excommunier les récalcitrants. Grave problème. Les Amérindiens n'aiment pas le goût de l'eau-de-vie (la mal nommée !), mais ils en aiment l'effet. Cela tient à leur croyance animiste. Quand ils s'enivrent, ils croient qu'un esprit s'empare d'eux et les rend forts. Or, la défense du trafic de l'eau-de-vie va à l'encontre des intérêts commerciaux. D'où les démêlés de Mgr de Laval avec les commerçants et les autorités civiles qui les défendent. Laval a combattu ce trafic avec acharnement, malgré les graves préjudices qu'il en a subis. Il doit aller jusqu'au roi pour défendre son autorité et son honneur face aux agissements du gouverneur, favorable aux trafiquants.

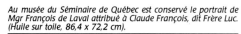

Au musée du Séminaire de Québec est conservé le portrait de Mgr François de Laval attribué à Claude François, dit Frère Luc. (Huile sur toile, 86,4 x 72,2 cm).

François de Laval était issu d'une famille noble dont un ancêtre avait reçu, avec Clovis, le baptême des mains de saint Rémi, en 496. Il avait été éduqué par les Jésuites au collège de La Flèche.

Un pasteur

Mais Mgr de Laval ne se considère pas se[ule]ment comme un administrateur. Dans [son] esprit, un évêque est d'abord un homm[e de] Dieu, un apôtre, un rassembleur d'homm[es].

Il vit près du peuple.

Périodiquement, il visite des parties de [son] immense diocèse. L'été, il va en canot [de] paroisse en paroisse *"mené par deux pays[ans] sans rien porter qu'une crosse en bois, qu'une [...] fort simple".* En hiver, *"il voyage en raquette[s...] couverte sur le dos, ne trouvant le plus souvent [...] à manger, couchant dans une grange ou con[tre le] feu, sur la paille..."* Moment privilégié pour s['en]tretenir des besoins des fidèles, réconforte[r les] curés et répandre les dévotions qui lui tien[nent] à cœur.

Il est plein d'admiration pour le courage [des] colons. Il s'intéresse au moindre détail de [leur] vie et se plaît dans la compagnie des enfa[nts]. A Québec même, celui qui aurait pu êtr[e...]

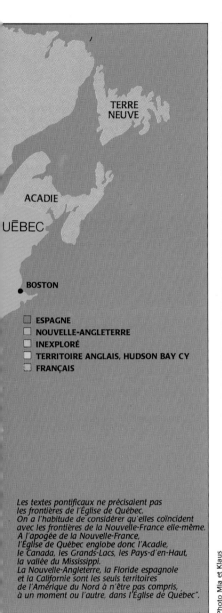

TERRE
NEUVE

ACADIE

UÉBEC

● BOSTON

☐ ESPAGNE
☐ NOUVELLE-ANGLETERRE
☐ INEXPLORÉ
☐ TERRITOIRE ANGLAIS, HUDSON BAY CY
☐ FRANÇAIS

*Les textes pontificaux ne précisaient pas
les frontières de l'Église de Québec.
On a l'habitude de considérer qu'elles coïncident
avec les frontières de la Nouvelle-France elle-même.
A l'apogée de la Nouvelle-France,
l'Église de Québec englobe donc l'Acadie,
le Canada, les Grands-Lacs, les Pays-d'en-Haut,
la vallée du Mississippi.
La Nouvelle-Angleterre, la Floride espagnole
et la Californie sont les seuls territoires
de l'Amérique du Nord à n'être pas compris,
à un moment ou l'autre, dans l'Église de Québec".*

Photo Mia et Klaus

ce un prélat comblé, édifie le peuple par sa
, sa pauvreté, son humilité et sa charité.

seigneur vit saintement et en apôtre", écrit
e de l'Incarnation. On le voit souvent à
el-Dieu soigner les malades et administrer
rême-onction ou encore visiter à domicile
auvres. A tous, il offre une parole réconfor-
 et des secours matériels et spirituels.

Jans une grande famille aristocratique de
ce, François de Laval est un évêque selon le
r de Dieu dans la grande lignée des pion-
; de la foi qui ont ensemencé la parole de
 dans le sol canadien.

saint

utomne de 1684, malade, il se rend en
ce offrir sa démission au roi et au pape.
ui nomme un successeur en 1685, en la
onne de Mgr de St-Vallier. Désormais, on
elle "Monseigneur l'Ancien". Il vit au sémi-
 dans la plus grande pauvreté ne s'occu-

pant plus que des pauvres et des séminaristes.
Il accepte sereinement les grandes épreuves
que le Seigneur lui envoie : la réforme du séminaire par Mgr de Saint-Vallier, l'incendie du
séminaire en 1701 et en 1705. Il s'éteint douce-
ment le matin du 6 mai 1708, entouré des
prêtres et des séminaristes. Il a 85 ans. Les
fidèles accourent pour un dernier hommage à
celui qui est resté parmi eux cinquante ans.
Certains n'hésitent pas à couper des morceaux
de sa robe. *"Le peuple,* écrit l'intendant Antoine-
Denis Raudot, *l'a déjà canonisé."*

Durant l'épiscopat de Laval, l'Église de
Québec a fait des progrès considérables.

En 1688, on y dénombre 35 paroisses, 102
prêtres, dont 13 prêtres nés au pays et 97 religieuses, dont 50 Canadiennes.

Mgr de Laval a non seulement jeté les bases de
l'Église canadienne, mais il l'a préparée à se
prendre elle-même en main. Durant son épiscopat, il a conféré le sacerdoce à plus de 40
séminaristes.

Quelques dates

1658 François de Laval est consacré évêque pour le
service de l'Église de la Nouvelle-France dont le
siège est à Québec.

1663 Mgr de Laval fonde à Québec le grand séminaire,
à la fois maison de formation des futurs prêtres
canadiens et *communauté de tous les prêtres
séculiers* de l'immense diocèse.

1666 Ouverture du petit séminaire et création de la
paroisse de Québec.

1675 Mgr de Laval entre en possession de sa cathédrale.

Entre **1674** et **1684**, Mgr de Laval crée treize paroisses.

1684 Démission de Mgr de Laval.

1685 Nomination de Mgr de Saint-Vallier.

1691 Mgr de Saint-Vallier obtient que les curés des
paroisses ne fassent plus partie du grand séminaire.

1708 Mort de Mgr de Laval au grand séminaire de
Québec.

Croissance d'une Église

La fin des raids amérindiens, la crise du commerce des fourrures et un haut taux de natalité favorisent la croissance démographique de la Nouvelle-France, et partant, de l'Église de Québec qui a les mêmes frontières.
Le Canada d'alors — qui n'est qu'une partie de la Nouvelle-France — est de faible étendue, mais il constitue la région la plus peuplée et donc le lieu où s'enracine l'Église locale.

Au cœur du diocèse

Québec, siège de l'évêché, est le cœur de l'immense diocèse. Là réside l'évêque qui est représenté dans les gouvernements de la Nouvelle-France par un grand-vicaire. Là sont situés le séminaire de Québec et le collège des Jésuites, deux institutions d'une remarquable efficacité. De 1650 à 1762, 211 jeunes gens deviennent prêtres ou religieux. En 1759, le clergé comprend déjà 196 prêtres, séculiers et réguliers. Plus de 70 d'entre eux exercent leur ministère dans la centaine de paroisses échelonnées le long du Saint-Laurent. Ce clergé, zélé et laborieux, constitue un corps instruit et bien organisé au service des fidèles, dont il partage les joies et les misères.

Les Jésuites s'occupent des missions et des collèges. Les Récollets sont des aumôniers de l'armée et quelques-uns desservent des paroisses. Les Sulpiciens exercent leur ministère dans l'île de Montréal et quelques-uns missionnent en Acadie. Les communautés de femmes sont prospères. De 1650 à 1762, 630 femmes embrassent la vie religieuse. Elles s'occupent des malades, des indigents et de l'éducation des enfants. Les Ursulines tiennent un couvent de filles à Québec, à Trois-Rivières et à la Nouvelle-Orléans. Les Augustines hospitalières de la Miséricorde de Jésus ont un Hôtel-Dieu et un Hôpital général à Québec.

A Montréal, les Hospitalières de Saint-Joseph ont, elles aussi, un Hôtel-Dieu et les Sœurs Grises s'occupent de l'Hôpital général.

Enfin, les sœurs de la Congrégation de Notre-Dame tiennent des écoles dans les villes et dans les paroisses rurales.

Une Église rigoriste

On ne comprendrait rien à la manière do fonctionné l'Église du Canada jusqu'à ce q a appelé la "Révolution tranquille", ver années 1960, si on ne se rappelait comm elle s'est développée en ses débuts.

Depuis le concile de Trente, la catholicité te fonctionner comme une monarchie. A sa le Souverain Pontife, successeur de Pi nomme les évêques, en accord plus ou m aisé avec les rois. Dans chaque dio l'évêque est le chef, la tête du clergé et fidèles. Le clergé séculier reçoit sa formatio prêtres ou de religieux spécialisés tels qu Sulpiciens à Montréal. Les fidèles (ce t exprime bien l'attitude qu'on exige d'eux) pris en charge, dans la totalité de leur existe par le clergé. De leur naissance à leur n baptême, mariage, extrême-onction marqu les trois grandes étapes de leur vie. Toute série de pratiques et de dévotions viennen long de leur vie, les tourner vers Dieu. Les s ments de pénitence et d'eucharistie sont n plus ou moins souvent selon les époques, peine d'être exclus de la communauté.

La messe du dimanche et des jours férié dans l'année), obligatoire. Le jeûne et l'a nence (60 jours par an) dont seuls les gr malades peuvent être dispensés. Chaque la prière du matin et du soir, et, trois fois da journée, la récitation de l'Angélus. Une mo rigoureuse, particulièrement dans le dom de la sexualité, sur laquelle veille attentiver le clergé, en chaire et au confessional. dans la vie du catholique n'échappe à la lance de la Mère-Église.

Au début de la colonie, le fleuve était la seule voie de communication. Ce qui explique que les premiers établissements se sont implantés sur ses rives.

Photo Mia et Klaus

... nombreux villages établis le long du Saint-Laurent, avec ses maisons groupées autour de l'église et son cimetière.

... ant moins que Mgr de Saint-Vallier est ... ué par la spiritualité française du 17e ... Les voies qui mènent à Dieu sont *"étroites* *...arpées"*. L'homme doit travailler avec

crainte et tremblement à son salut. L'Église canadienne vivra longtemps de cette vision pessimiste du monde et du salut — il y aura plus de damnés que d'élus ! Dès sa naissance, en

particulier sous l'influence de Mgr de Saint-Vallier, l'Église de Québec a reçu le rigorisme en partage. Il se perpétuera jusqu'au 20e siècle.

Des chrétiens plus ou moins soumis

Il ne faudrait pas conclure de ce portrait de la vie chrétienne que tous les Canadiens étaient des saints. S'ils ne contestent pas les grandes vérités de la foi, ils n'acceptent pas toujours le code moral que cherche à leur imposer leur curé. Dans les villes, il existe une assez grande liberté de mœurs dans les classes aisées et parmi ceux qui gravitent à l'entour du commerce des fourrures. Les habitants font souvent montre d'indépendance d'esprit face à leur curé ; et les jours de fête — surtout celle du patron de la paroisse — les excès de boisson et les bagarres ne sont pas rares.

Mais tous, écrit l'intendant Hocquart, *"sont communément attachés à la religion"*. La religion fait partie du tissu social. C'est ce qui donnera au catholicisme une grande force de résistance, dans la période qui va suivre.

...ada à la fin du régime français.

...à 1760, la population de la Nouvelle-France passe de 12 000 à 85 000 habitants, si on ne compte pas les Amérindiens. Elle est ...en six territoires plus ou moins articulés les uns aux autres : l'Acadie (4 000), la Côte-Nord, les Pays-d'en-Haut avec Détroit ...capitale, la Mer de l'Ouest à peu près inhabitée, la Louisiane (4 000) et le Canada (76 000).
...da d'alors est de faible étendue, mais il constitue la région la plus peuplée. De Rimouski à Châteauguay sur la rive sud et des ...ments à Vaudreuil sur la rive nord, une bande de peuplement s'accroche aux deux rives du fleuve et le front pionnier pénètre dans ...es de la Chaudière et du Richelieu. Au plan civil, la population y est regroupée dans trois gouvernements régionaux, dont les ...es coïncident avec la zone d'influence de trois bourgs qui ont des allures de petite capitale : Québec, Trois-Rivières et Montréal. ...e population estimée à 40 000 habitants, le gouvernement de Québec est le plus étendu et le plus important.

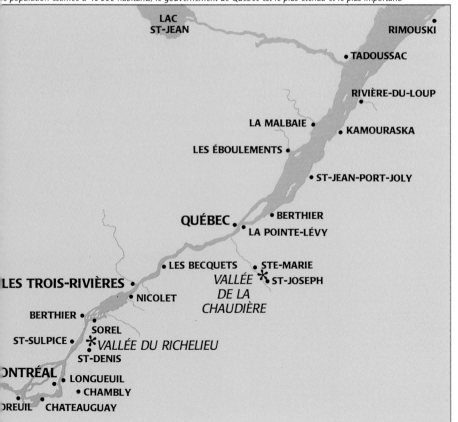

Questions

1/ Quelle est l'origine et la signification du mot "Québec" ?

2/ Quel est le nom de la communauté religieuse masculine qui accompagnait Champlain en 1615 ?

3/ Comment s'appelait le premier colon de Nouvelle-France ?

4/ Quelle communauté religieuse a été la première à implanter : un hôpital ? une école pour filles ? une école pour garçons ?

5/ L'Hôtel de Ville actuel est sur le site d'une ancienne institution d'enseignement. Laquelle ?

6/ Le Séminaire de Québec (à côté de la basilique-cathédrale Notre-Dame) se consacrait autrefois à la formation des prêtres. Quel est son rôle aujourd'hui ?

7/ En quelle année meurt Champlain ?

8/ Où sont les restes de Champlain ?

9/ A la mort de Champlain, qui le remplace ? Situe sur une carte la ville qui porte son nom.

10/ Le quartier de Sillery à Québec porte le nom d'un membre de la Compagnie des Cent Associés. Quel est le nom complet de Sillery ?

11/ Le 1er août 1639, Madame de la Peltrie, Mère de Saint-Ignace et Mère de l'Incarnation débarquent à Québec. A quelle tâche chacune d'elles se consacre-t-elle ? Comment s'appellent les communautés religieuses qui poursuivent leurs œuvres aujourd'hui ?

Interpellations

1/ Madame de la Peltrie a renoncé à une vie facile en France pour venir évangéliser dans des conditions difficiles. Toi, qu'es-tu prêt à sacrifier pour répondre à l'appel du Christ ?

2/ Les religieux et religieuses venus à Québec ont rencontré des obstacles. Certains sont même allés jusqu'à la mort pour leur désir d'évangéliser. Toi, quand tu affirmes ta foi aujourd'hui, quels obstacles rencontres-tu ?

3/ Identifie trois qualités importantes que possédaient les premiers témoins de la foi.

Quelles sont les trois principales qualités qu'il faut développer pour témoigner de ta foi aujourd'hui ?

Activités

1/ Recherche les emplacements suivants :

● En 1615, les Récollets s'installent dans le couvent Notre-Dame-des-Anges, sur la rivière Saint-Charles. Repère l'endroit.

● En 1617, Louis Hébert défriche une terre et y bâtit une ferme. Où se trouvait cette terre ?

● Dès leur arrivée, les Religieuses Hospitalières se sont installées à Sillery. Situe cet emplacement. A chacun de ces trois endroits, que retrouve-t-on maintenant ?

2/ Tu aimes dessiner ? Dépeins la hutte décrite par le Père Le Jeune dans les premières pages de l'album.

3/ Visionne le film "La mission", produit au milieu des années 80, mettant en vedette Robert de Niro et Jeremy Irons. Tu peux obtenir ce film dans plusieurs clubs vidéo de ton quartier. Compare la mission de ces deux jésuites avec celle des pères Brébeuf et Lalemant. Quelles sont les ressemblances ? En quoi diffèrent-elles ?

4/ Retrouve dans Québec des noms de rues, de quartiers, des lieux ou des institutions qui portent en tout ou en partie le nom de :

● Samuel de Champlain, Jean de Brébeuf, Louis de Buade, comte de Frontenac, Marie de l'Incarnation, Mgr François de Montmorency-Laval.

5/ Imagine la situation suivante : tu animes une émission télévisée et tu interroges Marie de l'Incarnation. Quelles questions aimerais-tu lui poser ?

6/ Rédige un reportage journalistique sur les premiers voyages de Champlain.

7/ Quatre jeunes jouent les rôles de Champlain, Marie de l'Incarnation, Madame de la Peltrie et Monseigneur de Laval. Ils échangent sur les jeunes d'aujourd'hui. Que disent-ils ?

8/ Retrace dans le récit des **Relations** le parcours suivi par les Jésuites sur la rivière Jacques-Cartier au début du XVIIe siècle.

Pourquoi ne referais-tu pas une partie de ce trajet en canot-camping avec des amis ? Tu peux obtenir facilement les cartes (circuits de canot-camping) du Parc de la rivière Jacques-Cartier dans les Centres d'information touristique de Québec.

9/ Une joute d'improvisation : deux équipes s'affrontent (détermine le nombre). Improvisation mixte. Nombre de joueurs : illimité. Durée : 12 minutes. Thème : "Nouvelle-France, juin 1608". AU JEU !!!

10/ Réunis 7 personnes : 1 animateur(trice) et 2 équipes de trois participants(es). Fais une liste de 50 mots reliés à l'histoire de l'Église de Québec. A tour de rôle, les participants dessinent (en silence) des mots imposés par l'animateur. Leurs co-équipiers ont une minute pour deviner le mot dessiné. Tu fais le compte des points.

11/ Des documents audio-visuels : informe-toi auprès des plus anciennes communautés religieuses de Québec. Peut-être ont-elles des diaporamas ou des enregistrements vidéos sur leurs fondateurs et fondatrices ? Peut-être ont-elles les matériaux qui te permettraient de bâtir de tels documents ?

Les circuits des f de l'Eglise de Q

Les lieux à visiter

La Place Royale et le quartier Ⅰ Champlain

● la Place Royale (autrefois la place du Mar Champlain y fonde Québec le 3 juin 1

● l'Église Notre-Dame-des-Victoires bâti 1688 sur les fondations de la seconde ha tion de Champlain.

● la rue Sous-le-Fort se termine au pied falaise sur laquelle Champlain a bâti l Saint-Louis. Dans cette rue, les Réco arrivés en 1615, ont établi leur prer chapelle.

● le quartier Petit Champlain ; dès 1608, crée un petit village portuaire très acti

Premier cimetière de Québec

Blancs et indigènes l'utilisaient jusqu'en Vingt compagnons de Champlain y on enterrés en 1609, victimes du scorbut.

Parc Montmorency (angle des rues Dauphine et Côte-de-la-Montagne).

Érigé en l'honneur de Monseigneur Franço Montmorency-Laval, premier évêque Québec.

Champlain s'y est rendu en 1608. Louis-H premier cultivateur en Nouvelle-France, s établi en 1623 avec sa femme, Marie R Un monument en fait mémoire.

Monument de Monseigneur de L (devant le bureau de poste).

Situé en face du parc, il honore la mémoi célèbre évêque béatifié par le pape Jean-F en 1980.

La Place d'Armes

Le monument de la foi souligne l'arrivé premiers missionnaires récollets (1615 musée du Fort (angle nord-est) rappell sièges et les grandes batailles de Québec

Monument de Champlain

Tout à côté de la Place d'Armes, Cham avait construit le Château Saint-Louis les années 1620. Montmagny y fit constru château qui servit de résidence aux go neurs de la Nouvelle-France. Aujourd'hui, le site du château Frontenac, du nom de de Buade, comte de Frontenac qui fut go neur de la Nouvelle-France.

Site de l'ancienne église Notre-Dame-de-Recouvrance (en face du 16, rue Buade).

En 1632, la Nouvelle-France est rendue France. Champlain revient et marque l'é ment par la construction d'une église. Il y même enterré en 1635.

Presbytère et basilique-cathédra Notre-Dame de Québec.

● Le presbytère : en 1662, François de Lav l'acquisition de cette maison. Il en f presbytère où il entreprendra les activit séminaire de Québec en 1663.

teurs

basilique-cathédrale : détruite en 1759,
~uls les murs et le clocher demeurent
~bout. Devenue cathédrale en 1674, alors
~e s'établissait le diocèse de Québec dont
gr de Laval devient l'évêque. Voir à l'inté-
~ur les plaques commémoratives et les
~raux des martyrs canadiens. Au sous-sol,
~e crypte abrite les restes des anciens
~vêques de Québec et de quatre gouver-
~urs de la Nouvelle-France. Visite de la
~ypte pour les groupes seulement. Réserva-
~on nécessaire.

complexe du Séminaire
Québec

~apelle extérieure du Séminaire de Québec.
voir : l'impressionnant tombeau de Mgr de
~val.

~minaire de Québec (1, Côte-de-la-Fabrique).
~ndé en 1663 par Mgr de Laval pour la
~rmation des prêtres, il devient le berceau
~ l'Université Laval. On ne peut le visiter.

~ musée du Séminaire de Québec (9, rue de
Université). A voir, surtout le rez-de-
~aussée et le niveau 4.

~ien collège des Jésuites

~ite de l'actuel Hôtel de Ville était autrefois
~pé par un collège fondé par les Jésuites en
~. Plaque commémorative.

~ien couvent et chapelle
~ Récollets

~bâtiments s'érigeaient sur le site actuel de la
~édrale anglicane et du Palais de Justice.

~pelle des Ursulines (12, rue Donna-
~).

~hapelle actuelle (1902) est une réplique de
~emière. Elle abrite le tombeau de Marie de
~arnation arrivée en 1639.

~sée des Ursulines (12, rue Donnacona)

120 ans d'histoire des Ursulines sous le
~e français (1639-1759). Galerie d'art, pein-
~, estampes, broderies. Juste à côté, le
~re Marie-de-l'Incarnation présente une
~ction d'objets ayant appartenu à la fonda-

~pelle des Jésuites (angle Dauphine et
~teuil)

~êt : on y retrouve les restes de Jean de
~euf, Charles Garnier, Gabriel Lalemant.

~nastère et musée des Augustines
~l'Hôtel-Dieu (32, rue Charlevoix).

~astère : le monastère actuel est bâti sur les
~ations de celui du XVIIe siècle. Le père
~ont avait béni les premiers locaux (1646) de
~tel-Dieu où œuvrent les Hospitalières arri-
~ de Dieppe en 1639.

~ée : on y retrouve l'histoire des Augustines
~ même coup celle de l'Institution hospita-
~ et de la médecine au Québec. On y admire
~ pièces d'orfèvrerie et d'étain, d'anciens
~uments de médecine, un coffre ayant
~artenu aux fondatrices (1639).

~emande, visite des caves voûtées (1695) et
~église. Les restes de l'illustre Catherine de
~-Augustin reposent au Centre du même

Trois circuits possibles

Faire le tour des 15 sites proposés peut facilement durer une demi-journée. Le parcours acci-
denté et l'affluence des visiteurs ralentissent le
pas des marcheurs même les plus alertes. C'est
pourquoi nous proposons trois circuits autour
de thèmes différents. Référons-nous à la carte
du Vieux-Québec et à la description des lieux à
visiter.

1/ Le circuit de la foi populaire.
   Les sites, 1, 2, 3, 4, 5, 6, 7, 8.
   Durée maximale : une heure.
2/ Le circuit des Institutions d'enseignement.
   Les sites 8, 9, 10, 11, 12, 13.
   Durée maximale : deux heures.

3/ Le circuit des Institutions hospitalières.
   Le site 15. On peut en profiter pour visiter le
   site 14 qui est voisin.
   Durée maximale : une heure.

Peut-être y aurait-il lieu de les combiner ?
Évidemment, l'idéal serait de les faire tous, dans
l'ordre proposé (voir la carte).

Québec regorge de lieux historiques à visiter.
On aura intérêt à se procurer le dépliant
"Québec, pierres vivantes" offert gratuitement
par la Corporation du Tourisme Religieux de
Québec (on le retrouve dans les bureaux d'in-
formation touristique). Ce dépliant invite à faire
trois itinéraires d'histoire religieuse dans le
Vieux-Québec.

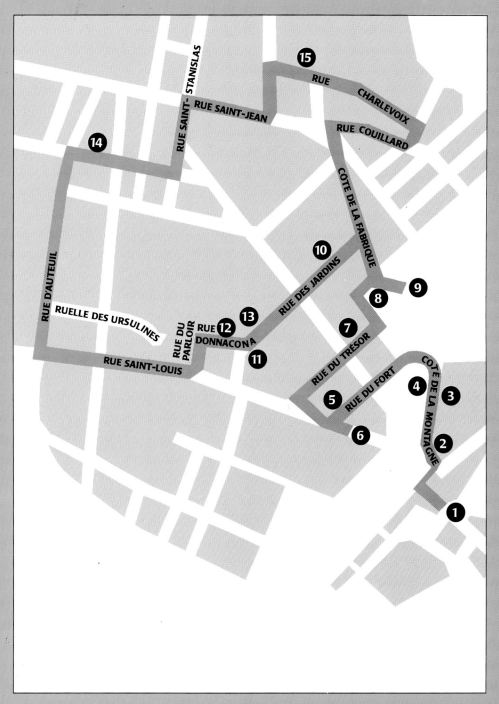

SIR, ON NOUS SIGNALE DE NOMBREUSES DÉSERTIONS DANS L'ARMÉE FRANÇAISE.

ET DANS LA NUIT DU 12 AU 13 SEPTEMBRE, 4.500 ANGLAIS DÉBARQUENT ET ESCALADENT LES FALAISES DE QUÉBEC...

CES MAUDITS PAPISTES DE FRENCHIES VONT NOUS TROUVER OÙ ILS NE NOUS ATTENDENT PAS!

...AU MATIN, SUR LES PLAINES D'ABRAHAM, L'ARMÉE DE MONTCALM, ÉGALEMENT FORTE DE 4.500 HOMMES EST DÉFAITE PAR LES TROUPES DE WOLFE.

31

À PARIS, LE 10 FÉVRIER 1763, LE DUC DE BEDFORD ET LE MINISTRE CHOISEUL SIGNENT LE TRAITÉ QUI MET FIN À LA GUERRE DE 7 ANS. SUR LES 30 ARTICLES DE L'ACCORD, UN SEUL CONCERNE LE CANADA QUI EST CÉDÉ DÉFINITIVEMENT À LA COURONNE D'ANGLETERRE.

LES HABITANTS CONSERVENT LEURS BIENS ET PROPRIÉTÉS. CEUX QUI VEULENT ÉMIGRER ONT 18 MOIS POUR LE FAIRE. LA LIBERTÉ RELIGIEUSE EST RECONNUE.

...LA PAIX SIGNÉE, LE CHANOINE JEAN-OLIVIER BRIAND, QUI TIENT LE RÔLE DE VICAIRE GÉNÉRAL, RÉDIGE UN MANDEMENT À LIRE EN CHAIRE DANS TOUTES LES PAROISSES...

...LA PAIX SIGNÉE À PARIS VIENT ENFIN DE TERMINER UNE CRUELLE GUERRE...L'AIMABLE ET ATTENTIVE PROVIDENCE NOUS A DONNÉ DE NOBLES VAINQUEURS QUI, DÈS QU'ILS FURENT NOS MAÎTRES, SURENT NOUS FAIRE OUBLIER QU'ILS AVAIENT ÉTÉ NOS ENNEMIS...

...À MOINS DE VOUS RENDRE COUPABLES AUX YEUX DE DIEU, RIEN NE PEUT VOUS DISPENSER D'UNE PARFAITE OBÉISSANCE, D'UNE SCRUPULEUSE FIDÉLITÉ, D'UN INVIOLABLE ET SINCÈRE ATTACHEMENT...

...À NOTRE NOUVEAU MONARQUE ET AUX INTÉRÊTS DE LA NATION À LAQUELLE NOUS VENONS D'ÊTRE AGRÉGÉS. ET MAINTENANT, MES TRÈS CHERS FRÈRES, ENTONNONS SOLENNELLEMENT UN TE DEUM D'ACTIONS DE GRÂCE.

LA PAIX, LA PAIX... CERTES, MAIS AVEC UN GOUVERNEMENT CIVIL, IL VA NOUS FALLOIR SUBIR LES LOIS ANGLAISES.

ON DIT QUE MURRAY SERAIT LE PROCHAIN GOUVERNEUR CIVIL. CE SERAIT UNE CHANCE POUR NOUS.

...ET QUE SI LES ANGLAIS NE CÈDENT PAS, NOTRE SAINTE ÉGLISE CATHOLIQUE DISPARAÎTRA AVEC SON DERNIER PRÊTRE. D'AILLEURS, LA DÎME SERA HORS-LA-LOI.

LES ANGLAIS VEULENT NOUS PROTESTANTISER, C'EST DANS LES TEXTES DU TRAITÉ.

IL RESTE QUE, DEPUIS LA MORT DE MGR PONTBRIAND, NOUS N'AVONS PAS D'ÉVÊQUE.

FAISONS UNE PÉTITION ET METTONS MURRAY DEVANT SES RESPONSABILITÉS.

VOUS DIREZ À LONDRES QUE LES SUJETS BRITANNIQUES SONT SI PEU NOMBREUX À ÊTRE VENUS AU CANADA QU'IL EST DE LA PLUS EXTRÊME IMPORTANCE DE SATISFAIRE UNE POPULATION CATHOLIQUE SUR LAQUELLE NOUS AURONS PEUT-ÊTRE À NOUS APPUYER PLUS TÔT QU'ON NE LE PENSE. IL FAUT LUI DONNER UN ÉVÊQUE, SINON NOUS POURRIONS LE REGRETTER.

IL M'A ÉTÉ RAPPORTÉ QUE LE CHAPITRE DE QUÉBEC SOUHAITAIT UN SULPICIEN, LE CHANOINE MONTGOLFIER.

JE PRÉFÈRE LE CHANOINE BRIAND, IRRÉPROCHABLE DANS SA FIDÉLITÉ... TOUT EST LÀ. BON VOYAGE!

MES AMIS, IL AURA FALLU 3 ANS, MAIS NOUS AVONS UN ÉVÊQUE! LE CHANOINE BRIAND A ÉTÉ AUTORISÉ À SE FAIRE SACRER EN FRANCE.

BRIAND? C'EST SON SALAIRE POUR SES TE DEUM ET SES PRÊCHES À LA SOUMISSION AU ROI D'ANGLETERRE.

NE SOYEZ PAS AMER, DUCHESNE, NOTRE RELIGION EST SAINE ET SAUVE.

EN JUIN 1766...

C'EST MONSEIGNEUR BRIAND!

ENFIN, NOUS AVONS UN ÉVÊQUE!

HÉ, L'AMI! CE N'EST PAS UN ÉVÊQUE. POUR NOUS, ANGLAIS, CE N'EST QUE LE SUPÉRIEUR MAJEUR DE L'ÉGLISE DU CANADA.

L'ACTE DE QUÉBEC, EN 1774, RÉTABLIT LES ANCIENNES FRONTIÈRES DE LA COLONIE CANADIENNE, RENOUVELLE LA GARANTIE DE LIBERTÉ RELIGIEUSE ET OUVRE AUX CANADIENS CATHOLIQUES LES FONCTIONS OFFICIELLES, LE SERMENT ÉTANT DÉSORMAIS FORMULÉ EN TERMES ACCEPTABLES À LEUR CONDITION RELIGIEUSE.

IL MAINTIENT LE DROIT CRIMINEL BRITANNIQUE, MAIS RECONNAÎT LE DROIT CIVIL FRANÇAIS ET RÉTABLIT LA LÉGALITÉ DU RÉGIME SEIGNEURIAL ET DES DÎMES.

MAIS "L'ÉTRANGE ALLIANCE" DU CLERGÉ ET DES AUTORITÉS ANGLAISES SERA DIVERSEMENT APPRÉCIÉE, MALGRÉ LES MENACES D'EXCOMMUNICATION, NOTAMMENT LORS DE L'INVASION AMÉRICAINE DE 1775 ET DE L'AGITATION DES ANNÉES 1794-1796.

Une Eglise dans l'épreuve

La bande dessinée vient de nous relater les faits : la Nouvelle-France n'est plus. Le 10 février 1763, par le traité de Paris, le roi de France cède le Canada au roi d'Angleterre qui est aussi le chef de l'Eglise anglicane, séparée de Rome. L'Eglise catholique canadienne entre dans une période d'épreuve.

La bataille des plaines d'Abraham a été l'événement décisif qui a fait passer le Canada sous la domination anglaise. Les troupes de Montcalm avaient réussi à empêcher pendant plusieurs semaines un débarquement des troupes anglaises à proximité de Québec. Mais, une nuit, la vigilance des Français est trompée. Le matin du 13 septembre 1759, les 4 500 soldats de Wolfe sont massés sur les Plaines d'Abraham. Les Français, pris par surprise, accourent de la ville de Québec. La bataille s'engage. Les généraux ennemis Wolfe et Montcalm ont perdu la vie. (Huile sur toile. Charles Huot, 1900).

Le désastre

Désormais, les catholiques ne peuvent exercer de fonctions publiques. La pratique religieuse est tolérée, mais ni l'autorité du pape ni celle de l'évêque de Québec, que les nouveaux occupants appellent le "Supérieur du clergé", ne sont reconnues. Ironie du sort, ce sont les protestants qui jouissent de toutes les libertés et de la protection du roi. Le Canada est officiellement un pays anglican.

On imagine le désarroi des prêtres et des fidèles : de nombreuses églises détruites ou endommagées, l'Hôtel-Dieu réquisitionné, le collège des Jésuites transformé en dépôt militaire, des lieux de culte ouverts aux cérémonies protestantes... Plus grave : en cinq ans, le clergé perd le tiers de ses effectifs et le gouverneur interdit que Jésuites et Récollets fassent du recrutement, encore plus qu'on fasse venir des prêtres de France. Mgr de Pontbriand, l'évêque de Québec, meurt en juin 1760. L'Église catholique n'a plus de chef.

De plus, la guerre a amené un relâchement dans les moeurs et la présence des protestants brise la communauté de croyance. Des Canadiennes épousent des soldats protestants. Le Gouverneur a l'ordre de construire des écoles pour protestantiser la jeunesse. La situation semble sans issue.

La résistance

Quelque temps avant sa mort, Mgr de Po briand avait tracé une stratégie : cherche obtenir par la patience et la temporisation plus grande liberté pour l'Église. Bien que quée par certains, elle ne tarde pas à donne résultat positif. Rassuré par le loyalisme e neutralité du clergé catholique, dont il espé la disparition prochaine, le gouvernem britannique autorise un prêtre à se rendr Paris pour se faire sacrer évêque, sans que reconnu le titre qu'il recevra : lui aussi s considéré comme le "Supérieur du clergé". 1766, l'Église de Québec a donc un nouv chef. Il s'appelle Jean-Olivier Briand.

Mgr Briand qui, depuis juillet 1759 était gra vicaire à Québec, connaît bien la situati Timide, effacé, conciliant sur l'accessoire n ferme sur l'essentiel, il cherche à obtenir p l'Église une place face au pouvoir civil. Rec chant la fidélité des Canadiens pour mi lutter contre les colonies américaines en rév contre l'Angleterre, le gouvernement bri nique révise sa politique et en vient à rec naître officiellement l'Eglise catholique.

Dès lors, Mgr Briand s'affaire à restaurer diocèse : reconstruction du grand sémina ordination de 90 jeunes prêtres, consécra d'un évêque coadjuteur, afin que l'Église ne plus sans chef à sa mort.

contre-offensive

fin de l'épiscopat de Mgr Briand, la situation
...ique jusque là favorable à l'Église, évolue
...ulièrement. Des Loyalistes, ces Américains
...eurés fidèles à la couronne britannique,
...nent s'établir dans l'ancienne Acadie, dans
...aut-Saint-Laurent et dans les cantons de
... Ils trouvent que la place faite à l'Église
...olique est trop importante, rejoignant en
... une certaine élite canadienne influencée
...'esprit de la Révolution française. Les uns et
...utres contestent l'emprise que le gouverne-
...t britannique et l'Église exercent sur la
...ulation. Dans le même temps, les mœurs se
...chent : les marins à Québec et les coureurs
...ois à Montréal propagent l'ivrognerie, la
...titution et les bagarres. Redoutables défis
...devra relever le nouvel évêque de Québec.

Nous avons donc un évêque !

*...medi dernier, vingt huit juin mille sept cent soixante-dix, à
...e heures du soir arriva de Londres sur le "Commerce",
...Briand, évêque de Québec pour les catholiques romains,
...ont fait voir en cette occasion leur affection pour tout ce
...concerne leur religion. Le lendemain, à cinq heures du
...in, les cloches de toutes leurs églises annoncèrent son
...vée à toute la ville, ce qui causa une si grande satisfaction
...us les Canadiens qu'on en vit plusieurs pleurer de joie.
...ait quelque chose de touchant de les voir se féliciter les uns
...autres, et se dire sans cesse : "C'est donc vrai... Nous avons
...c un évêque... Dieu a eu pitié de nous", — et de les voir
...rir en foule à l'église de la paroisse pour voir cet évêque..."*

Extrait de *"La Gazette de Québec"*

...la Conquête, le Gouvernement impérial a l'idée arrêtée de
...mer la religion catholique et d'instaurer les lois civiles
...ses. Dans une situation aussi gravement compromise, Mgr
...Olivier Briand mène une action pastorale vigoureuse. Il est
...éré comme le second fondateur de l'Église canadienne.

L'heure du combat

A Mgr Briand va bientôt succéder Mgr Plessis.
En 1805, alors que Mgr Plessis n'est encore que
coadjuteur, a sonné l'heure du combat. Le
gouvernement offre à l'évêque de Québec de
reconnaître juridiquement l'Église catholique, si
ce dernier accepte l'ingérence du roi dans les
affaires internes de l'Église. Les négociations
durent plusieurs années. La population, irritée
par les prétentions du gouvernement britannique, soutient Mgr Plessis. Le Parti canadien
l'appuie.

En 1806, Mgr Plessis tente de redresser la barre.
Il refuse de partager les églises avec les protestants et s'oppose aux mariages mixtes. Il incite
les curés à tenir à l'œil les missionnaires métho-
distes.

En 1812, quand les Américains envahissent le
Canada, le gouvernement impérial a de
nouveau besoin de la fidélité des Canadiens.
Le gouvernement préfère que l'Église plutôt
que le Parti canadien assume le leadership de la
population. Et Mgr Plessis manifeste une
loyauté inlassable envers la Couronne britannique. En 1817, le gouvernement nomme donc
Mgr Plessis au Conseil législatif : cela revenait à
reconnaître son titre d'évêque de Québec.

L'évêque du renouveau

Mgr Plessis consacre l'essentiel de ses efforts à
augmenter le nombre des prêtres. Il fonde le
séminaire de Saint-Hyacinthe et il encourage
ses prêtres à en ouvrir un à Chambly et un autre
à Sainte-Thérèse. Il encourage les prêtres à
prêcher et à organiser des confréries. Il les incite
à créer soit des classes de charité – où le
dimanche on enseigne le catéchisme aux
enfants – soit des écoles primaires. Il veut que
les curés s'occupent des pauvres. Les paroisses
deviennent des organismes autonomes qui
pourvoient aux besoins spirituels et matériels
de leurs membres sous la conduite du curé.

Ainsi, durant l'épiscopat de Mgr Plessis, l'Église
obtient une plus grande liberté. Le clergé
conserve son emprise sur la population rurale
et de larges couches des populations urbaines.
Seuls certains éléments des professions libérales se tiennent à distance de l'Église. Bien
enracinée dans le territoire et dans la société
politique, l'Église est en mesure d'offrir une
alternative au projet de société libérale que
proposent les Patriotes et à l'assimilation que
souhaitent certains fonctionnaires britanniques.

Le partage de l'héritage

La survivance de l'Église est assurée. Il reste à consolider
ses positions à la grandeur du territoire. Celui-ci est déme-
surément grand : il a la taille d'un continent. Cela pose
problème. Entre l'évêque et les grands vicaires qui le
représentent aux quatre coins de l'Amérique, les commu-
nications sont lentes. Les problèmes diffèrent d'une place
à l'autre. La tâche est trop lourde pour un seul vicaire.
Mgr Plessis comprend l'heure est venue de partager
l'héritage de Mgr de Laval et de le diviser en plusieurs
Églises. Environ 150 Églises vont, au fil des ans, être
découpées à même l'héritage de Mgr de Laval.

Photo W.-B. Edwards

*C'est sous l'épiscopat de Mgr Joseph-Octave Plessis (1805-1825)
que l'Église du Canada se libérera définitivement de ses
contraintes face aux autorités civiles. Dans tout l'Empire britannique, il est le premier évêque catholique dont le titre a été
reconnu officiellement par le Gouvernement impérial de Londres.
Il est appelé à siéger au Conseil législatif en tant qu'évêque catholique romain. Lors de la guerre de 1812, il réussit à contenir les
fidèles et à les convaincre des avantages à rester fidèles aux autorités anglaises.*

Mgr Plessis et le Gouverneur

Dans les négociations difficiles avec le Gouverneur Craig, Mgr Plessis se montre intraitable, en
particulier en ce qui concerne la nomination
des curés.

Mgr Plessis – *... la nomination des curés que
(monsieur Sewell) voulait attribuer à la couronne.*

Le Gouverneur – *Hé ! à qui prétendez-vous
qu'elle doive appartenir ?*

Mgr Plessis – *A l'évêque. Il est le père de famille,
c'est à lui d'envoyer des ouvriers dans son champ.*

Le Gouverneur – *Oh ! Voilà un point que le Roi
ne cèdera jamais et si vous n'en n'êtes point
convaincu, je n'ai plus rien à discuter avec vous.*

Un peu plus tard dans la conversation, le
Gouverneur pense pouvoir faire céder Mgr
Plessis avec d'autres arguments...

Le Gouverneur – *... Et vous-même quel maigre
revenu avez-vous?*

Mgr Plessis – *Les revenus sont la dernière chose
qu'un ecclésiastique doive rechercher. On règle sa
dépense sur son revenu. Quand on a moins, on
dépense moins. Le clergé catholique a souvent
prouvé qu'il savait faire des sacrifices en ce genre...*

Et Mgr Plessis quitte le gouverneur avec cour-
toisie mais sans avoir rien cédé aux exigences
du gouvernement britannique.

Le Gouverneur – *Nous ne reconnaissons point
d'Église catholique.*

Mgr Plessis – *C'est sur quoi il ne m'est pas permis
d'être de la même opinion que Votre Excellence.
Elle voudra bien me pardonner de l'avoir fatiguée
par une si longue conversation.*

Une Eglise conquérante

Au début du 20e siècle, l'Eglise de Québec est l'une des dix Eglises qui regroupent les catholiques sur toute l'étendue du Québec.
Elle a pris, dans la seconde moitié du 19e siècle, un visage nouveau. Ce visage a des traits particuliers qu'on caractérise dans une expression : l'état de chrétienté.

Une chrétienté

Les Patriotes ont voulu imposer, en 1837/38, leur modèle de société. Ils ont échoué. Mgr Lartigue, le premier évêque de Montréal, élabore son projet dans lequel l'Église et l'État doivent travailler ensemble au bien commun. A l'Église la responsabilité de l'enseignement, du secours à l'indigence, avec le droit d'exercer une censure sur les idées et sur les mœurs. En cas de conflit entre le pouvoir spirituel et le pouvoir temporel, l'Église tranche. Ce n'est plus l'Église qui est dans l'État, mais l'État dans l'Église.

Dans le même temps, à Rome, le pape Pie IX condamnait les idées libérales issues de la Révolution française, et partant le monde moderne[1]. Repli de l'Église qui, à partir d'elle-même, va se lancer à la conquête de la société par la création d'écoles, d'hôpitaux, de journaux, de syndicats et de différentes associations catholiques. Son succès est d'autant plus assuré que la société industrielle qui est en train de naître est à humaniser : il n'y avait encore ni allocations familiales ni assurance-maladie. L'Église, dans le projet de Mgr Lartigue, occupera ce vaste espace laissé à la charité.

État de chrétienté où les catholiques constituent leur propre univers, fréquentent leurs propres institutions, se défendant ainsi contre ce monde nouveau imprégné d'idées libérales, c'est-à-dire relevant de la seule liberté de l'homme.

Dans ce projet, l'État protège l'Église, pourfend par exemple les sectes, mais n'intervient pas dans la nomination des évêques ou des curés ni dans la gestion des biens ecclesiastiques.

L'Église de Québec atteint son apogée. Mgr Louis-Nazaire Begin la dirige de 1898 à 1925. Chef incontesté, il parle et on l'écoute. 474 prêtres séculiers et 75 prêtres religieux sont aumôniers, professeurs, ou desservent les 228 paroisses.

La colonisation

Vers 1840, la population canadienne des vie paroisses explose sous la poussée démog phique. Le clergé s'efforce de canaliser débordement vers de nouveaux territoi plutôt que vers la ville ou la Nouvelle-An terre. Les colons reproduiront, dans les te conquises sur la forêt, l'organisation sociale la vallée Laurentienne : en les maintenant à terre, on sauvegardera *"la simplicité de le mœurs".*

L'Esprit souffle de nouveaux charismes. clergé et les communautés retrouvent leur z missionnaire et inventent de nouvelles fo tions. Un nouveau type de curé apparaît : *le c colonisateur.* Il marche à la tête de la colon des migrants. Il les encourage et les assiste t au long des années de défrichement. Il cho l'emplacement de la chapelle, du presbytère l'école. Il est le porte-parole des colons aup du gouvernement et de l'Église.

Le *missionnaire agricole* remplit une autre fo tion. Il se spécialise en agronomie, puis parco les régions agricoles pour enseigner les tec ques agricoles modernes. Les religieuses et frères fondent des écoles et ouvrent des h taux.

Dans la 2e moitié du 19e siècle, pour remédier au problème de l' gration des familles vers les États-Unis, le clergé favorise la nisation de l'arrière-pays. Il crée à cette fin des sociétés de colo tion. Une colonisation intensive a ouvert, entre autres, la ré

Premier diocèse de l'Amérique du Nord, le diocèse de Québec a toujours exercé un leadership sur l'ensemble de l'Église du Québec et du Canada. Ci-haut un détail de la photo officielle du 3e Concile provincial de Québec (1864). Les évêques se réunissent pour faire le point sur la vie de l'Église et donner des orientations pastorales. (Archives Publiques du Canada).

Photo Livernois

(1) *Dans un document fameux connu sous le nom de SYLLABUS.*

e Église mère

si Québec apparaît, à l'aube du 20e siècle,
me l'Église mère. Mère, elle l'est d'abord en
ens qu'elle porte ses fidèles, de leur nais-
ce à leur mort, pour qu'ils vivent et meurent
enfants de Dieu, au sein d'une société tout
ère consacrée à Dieu.

l'est en un autre sens. Québec est le plus
en siège épiscopal de l'Amérique du Nord,
exception du Mexique. L'Église de Québec
'Église-Mère de toutes les Églises du Canada
e nombreuses autres aux États-unis. De ce
dans toute la catholicité on voue un respect
ctueux à ce siège épiscopal. On l'appelle
ise primatiale et son prélat, le primat de
ise canadienne.

son côté, l'Église de Québec vit en étroite
munion avec les Églises qu'elle a plantées.
les entoure d'une grande sollicitude et
serve envers elles une attitude accueillante.
est toujours le cœur de la chrétienté cana-
ine. Elle a développé des services et des
ociations dont profitent les autres Églises.
odiquement, les évêques viennent s'y
ourcer et partager leurs joies et leurs
blèmes.

*c Saint-Jean. C'est le pays de Maria Chapdelaine, l'héroïne
man de Louis Hémon. Cette photo ancienne (vers 1904) nous
eviner la vie rude des défricheurs. (Archives photographiques
an, Musée McCord, Université McGill).*

Installation d'une famille amérindienne le long du Saint-Laurent à La Malbaie, en 1868. La scène est familière d'une famille construisant un canot d'écorce. Ce document iconographique compte parmi les plus anciens pris sur le vif. (Archives photographiques Notman, Musée McCord, Université McGill).

A Québec se sont tenus au 19e siècle les conciles
canadiens et en 1909 le concile plénier. Depuis
le dernier tiers du 19e siècle, les évêques des
diocèses francophones se réunissent deux fois
par année au Palais cardinalice pour concerter
leur action. Le primat est leur porte-parole
naturel pour discuter avec les autorités civiles
de problèmes communs à l'Église et à l'État ou
de lois qui ont une incidence sur ses droits ou
sur son enseignement.

Il faut souligner enfin que sous l'épiscopat de
Mgr Bégin, l'émergence du monde urbain n'a
pas laissé indifférente l'Église de Québec.
Mgr Bégin intervient dans la grève de la chaus-
sure en 1900. Le 31 mars 1907, il lance le
mouvement de l'Action sociale catholique, qui
sous la gouverne de Mgr Paul-Eugène Roy,
devient un organisme chargé d'établir des journaux et des revues catholiques, de susciter des
syndicats et des coopératives, de combattre
l'ivrognerie et les mauvais livres, de secourir les
miséreux. On comprend mieux la place

éminente qu'a prise à cette époque l'Église dans
la société québecoise.

Cette immense société

A la suite de la grande crise qui, au 16e siècle, déchira
l'unité de l'Église, un concile fut réuni à Trente, en Italie du
nord. Le *concile de Trente* dessina les traits d'une Église
fortement hiérarchisée, prenant en main la destinée des
sociétés et des individus. Ce texte d'un théologien canadien est caractéristique de l'ecclésiologie tridentine :

*"Quoi de plus beau, quoi de plus admirable que cette immense
société des âmes où, des sommets du Vatican jusqu'au plus
humble toit curial, la juridiction s'echelonne par degrés si
prudemment ménagés ; où la moindre parcelle de pouvoir
est chose sainte et sacrée ; où l'autorité suprême garde toute
sa force, exerce toute sa souveraineté, sans écraser de son
poids les pouvoirs inférieurs(...) ; où la lumière, la vérité et la
grâce, descendent à flots continus du Pape aux évêques, des
évêques aux prêtres, des prêtres aux fidèles, tandis que le
respect, l'estime, la reconnaissance, montent de tant d'âmes
croyantes, par les prêtres et les évêques, jusqu'au Vicaire de
Jésus-Christ."*

Sermon prononcé par Mgr L.-A. Paquet lors du sacre de
Mgr L.N. Bégin, 22 janvier 1899.

La Fête-Dieu à Québec, 1944. (Huile sur toile. Jean-Paul Lemieux. Musée de Québec).

foi populaire

...euple québécois est expressif. Tout au long ...son histoire, il a manifesté sa foi de façon ...inale et souvent spectaculaire.

...processions et défilés appartiennent à la ...dition la plus ancienne de la foi populaire. ...tôt modestes tantôt grandioses, les proces-...ns se faisaient aussi bien à travers les rues ...dans les corridors des couvents ou dans les ...es d'hôpitaux. On transportait alors une ...ue de la Vierge Marie, ou d'un saint ou ...ore des reliques. Chaque cortège avait un ...particulier : la rémission des péchés, la ...édiction des fruits de la terre, la protection ...tre les épidémies, les sécheresses ou les ...endies.

...pèlerinages ont été l'occasion de nombreux ...ilés. C'est ainsi qu'on allait à Sainte-Anne-de-...upré en procession pour implorer une ...rison ou pour demander la protection de la

sainte. Aujourd'hui encore, on s'y rend en foule la semaine précédant la fête patronale du 26 juillet. Aux pèlerinages vers des lieux particuliers s'ajoutent ceux communs à toutes les paroisses. C'était le cas, par exemple, de la fête du Sacré-Cœur. La paroisse entière en procession avec bannière et lampions ! On s'arrêtait à différents "reposoirs"[1]. La procession se terminait à l'église où elle avait commencé.

Des débuts de la colonie jusqu'aux années 1960, la Fête-Dieu fut l'occasion de processions impressionnantes. Elles avaient pour but de stimuler la foi des fidèles. Des milliers de personnes défilaient dans les rues avec des lanternes et des bannières.

Le prêtre transportait l'ostensoir qui renfermait une grande hostie consacrée. Il marchait sous un dais[2] porté par quatre hommes. Les maisons étaient pavoisées de drapeaux. On

dressait des arches de verdure, on répandait des fleurs. Les reposoirs étaient splendides. Rien de trop beau pour le Seigneur !

Dans les familles, la foi populaire prenait aussi d'autres visages. Elle s'est exprimée longtemps par la prière en famille. Le soir, on s'assemblait pour la récitation du chapelet suivie d'invocations à des saints. Parfois, on reprenait en chœur les dix commandements de Dieu et les commandements de l'Eglise. Ici ou là, on composait des prières que l'on redisait soir après soir. Ces prières se transmettaient de génération en génération comme un trésor de famille.

---

1. **Reposoir** : petit autel aménagé le long du parcours pour y déposer momentanément une statue ou l'hostie consacrée que l'on transportait en procession. Il était généralement décoré de fleurs, de bannières et de lampions.

2. **Dais** : pièce d'étoffe précieuse tendue par des montants.

La Basilique Sainte-Anne-de-Beaupré, l'un des grands sanctuaires d'Amérique du Nord.
Des pèlerins y viennent de partout pour honorer la mère de la Vierge Marie. Déjà très forte chez les marins venus de France, la dévotion à sainte Anne a toujours marqué la piété populaire chez nous.

Les croix de chemin

...les routes de campagne, on rencontre encore ...ourd'hui des croix de chemin. Au début du 18ᵉ siècle, ces ...x étaient très nombreuses. Elles invitaient les voyageurs ...rier et à honorer Dieu. Une niche carrée, disposée sur le ...ant, renfermait une image du Christ crucifié ou de la ...rge avec l'Enfant-Jésus. Souvent, un coq surplombait la ...x pour rappeler le reniement de Pierre. A une certaine ...oque, on trouve aussi des instruments de la passion : ...us, marteau, pinces, récipient de vinaigre. Plus de 3 000 ...ces croix ont été dénombrées.

...r emplacement était variable. Bien sûr, on en retrouvait ...ong des chemins, ou aux carrefours des routes. Mais on ...dressait aussi dans les cimetières, sur les montagnes, ...s des cours d'eau, en forêt, aux limites des villages ou au ...d des rangs.

...ie par le curé, la croix de chemin servait de point de ...ère ou de référence. Elle remplaçait les églises trop éloi-...ées. Les agriculteurs et leurs familles venaient pour y ...r durant le mois de Marie, à la fête du Sacré-Cœur, à la ...e de Sainte-Anne...

...alvaire de Saint Augustin.
...u forte. H. Ivan Neilson, Musée du Québec).

Photo Mia et Klaus

Un nouveau printemps de l'Église

A la fin des années 1950, un vent de changement souffle. Au Québec, c'est la Révolution tranquille avec ses remises en question vigoureuses. Ailleurs, partout dans le monde, l'Église doit faire face à des situations jamais vues, à des défis tout à fait nouveaux.

Pourquoi un Concile ?

A Rome, le Pape Jean XXIII pressent la nécessité de faire prendre à l'Église un tournant. Le 25 janvier 1959, il annonce la tenue prochaine d'un concile.

La nouvelle étonne. Le "bon pape Jean", comme on l'appelle, prend l'Église et le monde par surprise.

On n'attendait pas d'un pape de 77 ans un tel coup de barre. Pourquoi un concile alors qu'aucune crise de la foi ne semblait menacer l'Église ?

C'est que le temps presse. Le monde est en changement rapide. La science fait des pas de géant. Les courants de pensée se diversifient. Les cultures locales s'affirment.

L'Eglise doit retrouver ses sources pour se rafraîchir et pour établir de nouveaux rapports avec le monde. Elle cherche à se définir pour mieux se tourner vers les hommes et les femmes de ce temps.

L'entreprise est colossale. Entre le 11 octobre 1962 et le 8 décembre 1965, tous les automnes, plus de 2 500 évêques affluent de 141 pays.

Ils se rassemblent dans la basilique Saint-Pierre bâtie sur la tombe de l'Apôtre.

La partie centrale de la basilique (habituellement dépourvue de bancs) est littéralement transformée en forum avec la construction d'estrades imposantes.

Les évêques y prennent place durant les quatre sessions de deux ou trois mois chacune.

Ils discutent à partir de textes préparés par plus de 450 théologiens parmi lesquels on retrouve les plus grands de l'époque. Des auditeurs et auditrices de même que des observateurs non catholiques sont admis.

Jamais un concile n'avait été plus représentatif. Par l'entremise des médias, l'Église est tous les jours sur la place publique.

Dans le discours d'ouverture, Jean XXIII donne le ton aux échanges :

"Notre devoir n'est pas seulement de garder ce précieux trésor [de la foi] comme si nous n'avions souci que du passé mais de nous donner avec une volonté résolue, à l'œuvre que réclame notre époque, poursuivant ainsi le chemin que l'Eglise parcourt depuis vingt siècles."

Qu'est-ce qu'un concile ?

Le mot concile vient du latin *concilium* et signifie : appelés, assemblée. Un concile est donc une assemblée des évêques du monde entier.
Depuis ses débuts, l'Église en a tenu plusieurs. Très souvent, on les convoque parce que la foi catholique est menacée par des croyances différentes ou par des contestations. L'Église en profite pour mieux définir sa pensée et son action.
La durée de ces assemblées varie selon les circonstances. Elles portent le nom des villes où elles ont lieu. C'est ainsi, par exemple, qu'on parle des conciles d'Ephèse, de Florence ou de Constantinople.
Le concile Vatican II (1962-1965) est désigné de cette façon parce qu'il est le deuxième à s'être tenu dans la cité du Vatican. Le pape Pie IX avait convoqué le premier en 1869. Jean XXIII en fait autant 90 ans plus tard.

Deux textes fondamentaux

Les débats se déroulent avec une grande liberté de parole. On discute ferme parfois mais les pères conciliaires font confiance à l'Esprit-Saint qui éclaire et unifie. Ils adoptent finalement seize documents. Deux d'entre eux constituent des pièces maîtresses. Le premier, appelé "Lumen gentium" ("Lumière des peuples") explique ce qu'est l'Eglise :

"Le Christ est la lumière des peuples : réuni dans l'Esprit-Saint, le saint concile souhaite donc ardemment, en annonçant à toutes créatures la bonne nouvelle de l'Evangile, répandre sur tous les hommes la clarté du Christ qui resplendit sur le visage de l'Eglise (cf. Mc 16,15). *L'Eglise étant dans le Christ, en quelque sorte le sacrement, c'est-à-dire à la fois le signe et le moyen de l'union intime avec Dieu et de l'unité de tout le genre humain, elle se propose de préciser davantage, pour ses fidèles et pour le monde entier, en se rattachant à l'enseignement des précédents conciles, sa propre nature et sa mission universelle. A ce devoir qui est celui de l'Eglise, les conditions présentes ajoutent une nouvelle urgence : il faut en effet que tous les hommes, désormais plus étroitement unis entre eux par les liens sociaux, techniques, culturels, réalisent également leur pleine unité dans le Christ."*

Pour parler d'elle-même, l'Eglise se réfère au Christ. Il est son centre, son origine et sa destinée. L'Eglise n'existe que par lui.

Le second texte appelé "Gaudium et spes" ("Les joies et les espoirs") décrit le rôle de l'Eglise dans le monde aujourd'hui :

"Les joies et les espoirs, les tristesses et les angoisses des hommes de ce temps, des pauvres surtout et de tous ceux qui souffrent, sont aussi les joies et les espoirs, les tristesses et les angoisses des disciples du Christ, et il n'est rien de vraiment humain qui ne trouve écho dans leur cœur. Leur communauté en effet, s'édifie avec des hommes, rassemblés dans le Christ, conduits par l'Esprit-Saint dans leur marche vers le royaume du Père, et porteurs d'un message de salut qu'il leur faut proposer à tous. La communauté des chrétiens se reconnaît donc réellement et intimement solidaire du genre humain et de son histoire."

Le texte témoigne de la volonté du concile Vatican II de faire tomber les cloisons qui souvent isolaient l'Eglise. Cloisons de l'intolérance, de la condamnation, des oppositions avec les chrétiens d'autres églises. *"Aujourd'hui,* disait Jean XXIII, *l'Eglise du Christ désire user du remède de la miséricorde plutôt que des armes de la sévérité."* L'Eglise est pour le monde. Elle veut être ferment dans la pâte humaine.

Les intuitions de Jean XXIII enclenchent une mise à jour de l'Église. Mais "le bon pape Jean" n'en verra pas la réalisation puisqu'il meurt en 1963. Le cardinal Montini le remplace. Il prend le nom de Paul VI. Il hérite d'une tâche délicate : mener à terme le concile et en faire appliquer les décisions dans l'Eglise universelle. Il ne perd pas de vue que l'Eglise n'existe pas pour elle-même. Le 7 décembre 1965, dans le discours de clôture du Concile, il rappellera claireement : *"L'Eglise s'est pour ainsi dire proclamée la servante de l'humanité."*

C'est dans cet esprit que s'amorcent partout dans le monde de vastes renouveaux, des réformes en profondeur.

Le 2 août 1974, le cardinal Maurice Roy est reçu par le pape Paul VI en compagnie du cardinal Karol Wojtila qui deviendra Jean-Paul II.

Le cardinal Maurice Roy

Maurice Roy naît le 25 janvier 1905 dans le Vieux-Québec où il connaît une enfance heureuse.

Fils d'un juge, aîné d'une famille de trois enfants, il reçoit sa première instruction à la maison paternelle.

Il ne fréquentera les classes qu'à partir des études secondaires au Petit Séminaire de Québec.

D'une nature généreuse et sensible, Maurice Roy possède une intelligence brillante. Jeune et même à l'âge adulte, il demeure réservé et discret.

Il deviendra pourtant le grand personnage que décrivait ainsi Mgr Jean-Marie Fortier, président de l'Assemblée des évêques du Québec :

"Ce fils du Québec et ce fils de l'Eglise aura illustré son siècle par la distinction de sa personne et l'étendue de sa culture, par sa prudence dans le traitement des affaires les plus délicates, par la qualité de son accueil à l'égard des grands comme à l'égard des petits, par son esprit de foi, enfin par son invincible espérance."

Professeur à la Faculté de Théologie de l'Université Laval, aumônier militaire sur les champs de bataille pendant toute la durée de la Deuxième

guerre mondiale, supérieur du Grand Séminaire de Québec, évêque à Trois-Rivières, puis archevêque de Québec — de ses quatre-vingts ans de vie, quarante furent consacrés à son ministère épiscopal —, le cardinal Roy a toujours été en tout service égal à lui-même.

Parlant encore de lui, Monseigneur Jean-Marie Fortier dira :

"Grand sans jamais faire sentir le poids de sa grandeur ; modeste sans abdiquer la dignité de son titre. Sage par la lente maturation de ses décisions, il était ferme et courageux dans la revendication des droits de Dieu et de l'Eglise. Il savait être familier sans se départir d'une urbanité la plus raffinée."

De telles qualités ont permis au cardinal Roy d'exercer un ascendant reconnu au Québec, un leadership incontesté au sein de l'épiscopat canadien, un rôle prépondérant à la curie romaine, où il fut un conseiller écouté des papes.

Le cardinal Louis-Albert Vachon notera qu'il fut un grand citoyen du Québec *"faisant corps avec toutes les causes qui, sous un angle ou l'autre, pouvaient servir l'évolution culturelle, politique et économique de notre pays".*

Grand homme d'Eglise, digne héritier Monseigneur François de Laval, il s'appliqua promouvoir dans son diocèse *"une vérita coresponsabilité telle que préconisée Vatican II. N'avait-il pas la noble ambition de v tout le peuple de Dieu prendre en charge, d'i façon effective et harmonieuse, les intérêts l'Eglise et la croissance des communautés ch tiennes dans son diocèse ?"*

Au Concile Vatican II, il a joué un grand rô

"Il apportera pour le bien de l'Eglise entière richesses de sa personnalité et de sa foi. Libre accueillant, il engagera sans compter les ressour de son intelligence et de sa compétence, av vérité, avec sagesse et avec courage. Il était d'u efficacité aussi étonnante que discrète, souligni un Père du Concile. Toujours à l'affût de conse d'approfondissements, de nuances, pour attein à une vérité entière. Sa sérénité de tous instants favorisait singulièrement l'exercice de perspicacité."

Après le Concile, appelé par le pape Paul VI, cardinal Roy présidera deux organismes cré par Vatican II : le Conseil pour la promotion Laïcat et la Commission Justice et Paix.

Il trouva à ces instances un espace de rayonn ment à sa mesure.

Québec

...omme ailleurs, les effets du Concile se font
...ir. Comment ? D'abord par des change-
...ts liturgiques. On rénove la façon de
...brer chaque sacrement. Dans la célébration
...'eucharistie notamment, on utilise désor-
...s la langue vivante plutôt que le latin. Du
...ne coup, il faut de nouveaux chants. En effet
...hant grégorien composé dans la langue
...e est moins compatible avec la langue fran-
...e. Chanter dans la langue vivante nécessite
...éation d'un nouveau répertoire. Les fidèles
...orent maintenant en des mots qu'ils
...prennent. La célébration devient l'action
...out un peuple. Tous les fidèles participent
...es chants, les réponses, les gestes. Au fil des
...les laïcs exerceront de plus en plus certains
...ices : proclamation de la Parole de Dieu,
...ibution de la communion, préparation des
...brations.

...nobilier et l'architecture des églises s'accor-
...t avec ces réformes. On déplace l'autel de
...ière à ce que le président d'assemblée se
...ouve face au peuple. L'homélie ne se fait
... du haut d'une chaire. On dispose plutôt
...s le sanctuaire un lutrin en bois, en pierre ou
...étal. Identifié comme le lieu de la Parole de
...u, il sert aux lectures et à l'homélie.

...changements liturgiques en reflètent
...tres plus profonds. Vatican II a voulu
...onner à la Parole de Dieu une place prépon-
...ante dans la vie de l'Eglise. Des groupes de
...age évangélique se réunissent en dehors
...célébrations. Les cours bibliques se multi-
...nt. On rend l'enseignement de la théologie
... accessible à tous.

...rticipation

...lise très cléricale jusque-là veut devenir
...antage une communion de tous ses
...mbres. A plusieurs niveaux, on invente des
...anismes de consultation, de concertation.
... vise la coresponsabilité. Des services
...veaux voient le jour. Ainsi les baptisés pren-
...t de plus en plus en charge l'animation
...orale à l'école ou encore la préparation à la
...bration des sacrements dans les paroisses.
...mouvements, des groupes de prière et
...tion surgissent. On promeut l'engagement
...al des chrétiens.

...hot-clé de toute cette opération renouveau
...simple : PARTICIPATION. On souhaite que
...un prenne la part qui lui revient dans la vie
...a communauté. Chacun, chacune en est
...onsable.

...Québec comme ailleurs, l'Eglise s'ouvre aux
...rations du monde. Elle cherche moins à
...damner qu'à comprendre les mouvements
...ensée. Elle reconnaît la présence de l'Esprit
...t dans le monde qui se fait. Elle veut tenir
...pte davantage de la culture des gens pour
...er en dialogue avec eux.

...va de même avec les autres Eglises chré-
...nes. Désormais on voit des "frères séparés"
...u hier encore on voyait des ennemis. L'œcu-
...isme[1] connaît un nouvel essor. Même
...: les non-chrétiens, l'Eglise essaie de créer
...liens. Cette ouverture aurait été impensable
...aravant.

Vue du sanctuaire de la Basilique-Cathédrale de Québec. Incendiée en 1922, elle fut reconstruite dans les mêmes murs avec un décor architectural très semblable à l'ancien, pour répondre aux désirs de la population.

Photo Kedl

Les changements ne se sont pas faits sans résistance. S'ils plaisaient aux uns, ils en bousculaient d'autres. Ils ont été opérés très rapidement. Or le Québec était déjà dans l'effervescence de la Révolution tranquille[2]. Les bouleversements provoqués par Vatican II s'ajoutaient à ceux d'une société en transformation.

Avec le recul des ans, on reconnaît que Vatican II a fait faire des passages nécessaires à l'Eglise. D'autres changements sont à prévoir. D'une part, toutes les intuitions de Vatican II ne sont

pas encore traduites dans la pratique. D'autre part, des situations nouvelles se produisent que n'avait pu prévoir Vatican II. Il faudra pousser plus loin la réflexion amorcée par le Concile. Il n'en demeure pas moins qu'il a marqué notre siècle. Le Général de Gaulle voyait en Vatican II l'événement du XXe siècle. Chose certaine, l'Eglise lui doit son nouveau printemps.

1. **Œcuménisme :** effort d'union de toutes les églises chrétiennes.
2. **Voir album Montréal, page 41.**

Le cœur de l'Évangile

Monseigneur Pierre Morissette
évêque auxilaire de Québec
Entretien avec Jean Puyo

Pierre Morissette, vous êtes évêque auprès du cardinal Vachon. Vous souvenez-vous comment vous êtes né à la foi ?

Ma mère était très pratiquante. Non pas dévote, au sens péjoratif du terme : elle avait une foi éclairée, alimentée par la méditation des évangiles.

Mon père était lui aussi très attaché à la foi et au service des autres. Il ne m'étonnerait pas qu'il ait songé au sacerdoce dans sa jeunesse.

La foi vous a pénétré lentement...

Sans que mes parents aient à intervenir autrement que par ce qu'ils vivaient. Ils ont toujours respecté ma liberté. C'est à 14 ans que j'ai eu le premier choc : quelqu'un m'a parlé de devenir prêtre. Je n'y avais jamais songé. Je fus surpris. J'avais besoin de réfléchir. Deux ans plus tard, au cours de vacances, je m'épris de tendres sentiments pour une jeune fille. Nouveau choc. Les deux perspectives s'entrechoquaient dans ma tête, et je n'y voyais pas clair.

Finalement, j'entrai au Grand Séminaire à 19 ans, en me disant : "Je vais vérifier les choses." J'ai même retardé mon ordination au sous-diaconat. Je n'ai pris ma décision qu'au terme d'un long mûrissement.

Vous êtes ordonné prêtre en 1968, et faites aussitôt une découverte qui provoque en vous un malaise.

Oui. Les jeunes, parmi lesquels j'étais le plus souvent, contestaient l'Église ; ils contestaient mes convictions les plus intimes. C'était l'époque où un prêtre pouvait facilement se faire prendre à partie. J'avoue en avoir éprouvé un malaise : "Où me suis-je embarqué ? Vais-je me faire contester ainsi toute ma vie ?"

J'imagine que le feu couvait depuis un certain temps...

La crise a commencé avec l'écroulement du régime Duplessis. La société québécoise en fut atteinte dans ses traditions, ses valeurs, son système d'éducation. Sa référence constitutive à l'Église s'en trouva ébranlée.

Qu'est-ce que l'on contestait ? l'omniprésence de l'Église dans les structures de la société ? ou allait-on jusqu'à mettre en question son message lui-même ?

Son message, je ne crois pas, mais sa trop grande place dans la société, qui s'explique par l'histoire comme le montre cet album, oui. Elle exerçait, depuis les origines, une influence déterminante dans les domaines de la pensée, de l'art, de l'éducation et de la politique. Beaucoup jugeaient que les Québécois avaient atteint leur majorité : que l'Église les laisse vivre par eux-mêmes !

En outre — les jeunes surtout — on contestait les possessions de l'Église. Je les entendais dire : "Vous êtes riches. Personne n'est riche comme vous. Regardez vos églises, vos couvents, vos grandes terres !"

Résistaient-ils aussi au message ?

A certains aspects, oui. Au cœur de l'Évangile, je ne le crois pas. Si l'enseignement de la foi est lié à des gestes concrets d'entraide, si elle est associée à une solidarité active à l'égard des déshérités, pas de problème !

On contestait certains aspects du dogme et certaines pratiques pastorales : l'existence de l'enfer, la nature du péché, la confession régulière,

tant d'autres vérités enseignées ou de pratiques folklore ! S'emparait de beaucoup une formida envie de se débarrasser de la tutelle de l'Église avait peut-être abusé de son pouvoir.

Avez-vous vu la situation évoluer au fil années ?

L'agressivité, très vive autour des années soixa dix, s'est apaisée. Nous sommes maintenant à l'ère de l'indifférence. La chute de la pratique gieuse n'est pas totalement stoppée, mais on des personnes qui, après une période d'éloi ment, en viennent au désir d'une recherche plu profondeur. Elles ne disent pas encore : "Je r tègre l'Église", mais "Je prends le temps regarder."

Vous parlez là d'adultes, mais les jeu entrent-ils dans la foi aussi facilement vous l'avez fait vous-même à leur âge ?

Ce sont eux qui m'inquiètent. Ils ne savent plu qu'est l'Église. Il m'arrive d'en être stupéfait. V des jeunes de secondaire V, par exemple, qu été baptisés, qui ont suivi des cours de catéchès ils ne connaissent de l'Église que ce qu'en diser journaux ! L'Église comme communauté, l'É comme peuple de Dieu, l'Église comme mystèr la présence de Jésus parmi nous..., ils ne perçoi rien de cela !

L'anecdotique seulement...

La richesse du Vatican, les scandales qui peu survenir, tout ce qui touche la morale sexu selon la présentation des journaux.

L'Église ne saurait-elle plus se dire à contemporains ?

On peut le craindre. Nous ne sommes plus prés à la culture d'aujourd'hui. Nous sommes en trop enfermés dans nos habitudes de pensée, notre langage. La communication passe mal... coup, le visage qu'on donne de l'Église est sou caricatural.

Les jeunes baignent dans une culture laquelle nous n'avons pas ou peu fluence...

Exactement. De sorte que les jeunes nous cons rent comme une réalité "quétaine" — dépa arriérée, folklorique, un peu ridicule.

Dois-je comprendre qu'un évêque de 44 est pessimiste ?

Pas du tout. Mais nous avons un défi à relev

Alors parlons de ce défi.

J'insiste. Ce ne sont pas seulement les jeunes q sont éloignés de l'Église — et ce n'est pas la co quence, comme certains le croient, de la nou catéchèse. Des personnes que je rencontre dan clubs de l'Age d'or n'ont pas été plus solides leur foi. Elles ont des réactions proches de celle jeunes. Le défi à relever, c'est le défi de l'éduca de la foi. Trop de chrétiens n'ont pas encore dé vert le cœur de l'Évangile ; ils en sont restés périphérie, aux aspects secondaires sinon ane tiques de pratiques, de croyances, de dévotion n'ont pas de rejaillissement dans leur vie. Le jou ils abandonnent ces pratiques, où ils rejetten croyances, ils constatent que rien ne change leur existence concrète : ils ne s'en trouvent pas mal. De là à penser que la religion est inutile, il qu'un pas facile à franchir.

Lors de sa visite à Québec le 9 septembre 1984, le pape Jean-Paul II a célébré la messe sur le campus de l'Université Laval, en compagnie de l'archevêque de Québec et de ses collègues.

Une nouvelle démarche missionnaire

"Vous saurez vous souvenir de votre passé, de l'audace et de la fidélité de vos prédécesseurs, pour porter à votre tour le message évangélique au cœur de situations originales. Vous saurez susciter une nouvelle culture, intégrer la modernité de l'Amérique sans renier sa profonde humanité qui venait sans aucun doute de ce que votre culture a été nourrie par le christianisme. N'acceptez pas le divorce entre la foi et la culture. A présent, c'est à une nouvelle démarche missionnaire que vous êtes appelés."

Jean-Paul II, au Stade de l'Université Laval,
le 9 septembre 1984.

...rist, œuvre de Marius Dubois, peintre de Sainte-Pétronille,
...Orléans, 1987.

...us faites là le procès d'un certain christia-
...me.

...ne fais le procès de personne. Je constate une
...tique pastorale de notre Église où la vie sacra-
...ntelle était détachée de la Parole de Dieu. On
...ptisait un enfant sans préparation de son milieu
...ilial. On se confessait par habitude, par crainte,
...s accueillir une parole de Dieu libératrice. Pour-
...t, il faut être équitable : l'Église des années 30 et
...a beaucoup travaillé. C'est elle qui, à travers les
...uvements d'action catholique, a formé les arti-
...s de la "Révolution tranquille". Et beaucoup des
...ers actuels de la société ont été formés par elle.

...rs que faire ?

...epter d'être pauvre, et cela ne rend pas forcé-
...nt triste.

...us voulez dire que le jeune évêque que
...us êtes a conscience de la situation de
...lesse de son Église, et que cela ne le
...courage pas ?

...rois que la majorité de mes confrères évêques
...t dans le même état d'esprit. On se retrouve
...ourd'hui dans une situation qui fut l'état habi-
...l de l'Église. Si on regarde l'histoire, l'Église a été
...s souvent faible que triomphante.

...vous ne baissez pas les bras ?

...n, mais cela m'interroge sur les moyens à
...ndre pour répondre au défi. Il faut retrouver
...prit missionnaire, à l'intérieur même du
...ébec ; arrêter de fonctionner uniquement avec
...x et celles qui fréquentent nos paroisses ; tenter
...rejoindre ceux et celles de l'extérieur. Donc,
...biliter les chrétiens à une pratique missionnaire.
...us avons reçu de Jésus une Bonne Nouvelle,
...mment la garderions-nous au chaud ?

...st ce déclic d'ouverture au monde qu'il faut
...voquer chez les "pratiquants". Ce n'est pas facile
...ce que nous en avons fait des "assistants". Ils
...ent "assis" ! Pour témoigner, il faut se lever !

...situation commence-t-elle à évoluer ?

...vois des signes d'espérance. Ce qui m'a donné du
...o", c'est la manière dont ont répondu beaucoup
...chrétiens et de chrétiennes à la mission qu'ont

confiée les évêques du Québec, en 1982, aux
communautés paroissiales dans l'initiation sacra-
mentelle. Je considère que ce fut un coup de maître.
Ici, dans le diocèse de Québec, trois à quatre mille
parents se sont engagés à assurer l'initiation des
enfants au premier pardon, à la première communion, à la confirmation.

Autre signe de renouveau : au début des années
80, une centaine de paroisses se sont mobilisées
pour accueillir les réfugiés du Sud-Est asiatique.

Je vois là une précieuse indication : nous devons
apprendre à diversifier nos propositions. Certains
qui n'en sont pas au niveau de la pratique sacra-
mentelle, liturgique, seraient prêts à s'engager dans
une autre pratique chrétienne d'ouverture aux
déshérités.

**Dois-je comprendre que, si vous rencontriez
un petit Pierre de 14 ans, vous ne craindriez
pas de l'engager à devenir prêtre, comme au
même âge on vous y a invité ?**

Si je me trouve devant un jeune qui rêve d'entrer
dans une organisation rutilante, efficace, omnipré-
sente, je le découragerai ou... je l'aiderai à corriger
sa visée. Si je suis devant quelqu'un qui a le goût de
servir, de vivre des projets intéressants avec du
monde ordinaire, je lui dirai : "Viens chez nous, il y
a beaucoup de place pour cela."

Quelques-uns entendent-ils cet appel ?

Oui. Un petit nombre, il est vrai. Le discernement
devient très important. Certains entrent encore au
séminaire en rêvant d'une Église qui n'existe plus.
Des rêves de grandeur. Il faut être très vigilant.

**Et si vous rencontriez un de vos anciens
camarades d'études, aujourd'hui éloigné de
l'Église, que lui diriez-vous pour justifier la
fidélité de votre attachement à l'Église du
Christ ?**

Je ferais comme un bon vendeur, je lui présenterais
de très belles choses : l'engagement de chrétiens et
de chrétiennes pour les petits, les pauvres, les
démunis ; des engagements qui changent le visage
de la société. Par exemple : la Maison Lauberivière
mise sur pied par des religieuses et des religieux
pour l'accueil des clochards ; les maisons de l'Arche
de Jean Vanier qui accueillent des handicapés
mentaux ; les maisons de Job pour la réhabilitation
des personnes aux prises avec l'alcool et la drogue ;
l'accueil de nombreuses familles du Sud-Est asiatique par plusieurs paroisses du diocèse ; et bien
d'autres réalisations.

Si j'étais cet ami, je vous ferais observer : "Très
bien tout cet altruisme, mais il n'est pas
besoin d'être chrétien pour aimer et servir les
autres. Qu'y a-t-il de spécial, Pierre, qui t'a
attaché à l'Église ?"

La rencontre de QUELQU'UN, que j'ai faite, que ces
chrétiens et chrétiennes ont faite. Leurs engagements, ils les prennent à cause de LUI. S'ils ne
l'avaient rencontré, auraient-ils pris le risque ?

**C'est QUELQU'UN qui vous intéresse dans
l'Église et vous y retient ?**

Notre difficulté précisément est de faire oublier l'organisation pour favoriser SA rencontre. Si l'organisation ne se laisse plus suffisamment interroger par
ce QUELQU'UN, elle passe son temps à se défendre
et elle souffre beaucoup de se trouver diminuée.

Mais si ce QUELQU'UN est présent à la conscience
des chrétiens, perdre des plumes n'est pas si drama-
tique ! C'est l'appel à une conversion profonde.

**QUELQU'UN, QUELQU'UN, dites-vous. Parlez-
moi de LUI. Qui est-il pour vous ?**

Ce QUELQU'UN, c'est Jésus de Nazareth. Il est l'En-
voyé de Dieu. Il est porteur d'espérance. A travers
ses paroles, ses gestes concrets vis-à-vis des
personnes, Il m'offre de découvrir le sens de ma vie.

Le monde de consommation dans lequel nous
vivons pourrait me satisfaire un temps. Mais
devant la souffrance, la mort, je me trouve face aux
vraies questions.

Jésus me donne les seules réponses qui m'apaisent :
Il partage, Il aime, Il m'annonce un monde de
justice.

Je voudrais seulement aider nos communautés
chrétiennes à laisser transparaître SON VISAGE à
ceux qui ne l'ont pas encore rencontré ou qui l'ont
perdu de vue.

Le 6 janvier 1985, au Patro Roc-Amadour, le
cardinal Louis-Albert Vachon disait aux
jeunes :

Créez du neuf ! Criez l'amour !

"Le véritable amour ne vieillit pas. Au fond, nous
avons l'âge de notre tendresse, de notre capa-
cité de reconnaître le brin de beauté dans les
autres, autour de nous... La médiocrité, la
routine, l'usure n'est rien d'autre qu'un amour
qui n'a pas débouché, qui n'a pas été mis en
action. [...] C'est par l'action et une immense
espérance que l'on peut changer quelque chose
dans le monde. [...] Si nous essayions de vivre
l'Évangile à l'école, au foyer, au travail, dans
nos relations avec les autres... Si nous essayions
d'aimer un peu mieux, de donner du temps à la
tendresse, à l'affection. Si nous essayions de
pardonner, de voir l'autre plus grand que le mal
qu'il — qu'elle — a fait... Si nous essayions de
remplacer l'escalade de la violence par l'escalade de l'amour... Qui ne voudrait être l'artisan
d'une telle révolution ? Tous ces gestes addi-
tionnés n'arriveraient-ils pas à changer la face
de notre monde ? [...] Vous avez d'immenses
ressources d'intelligence, de cœur, d'idéal. Créez
du neuf ! Criez l'amour ! Ayez le parti pris de
Jésus et de son Évangile !"

L'objectif missionnaire

"Il nous faut avoir le courage d'aller aux carrefours des chemins des gens de notre temps pour
rencontrer et accueillir nos frères et nos sœurs
baptisés qui ne peuvent, pour de multiples
raisons, se joindre actuellement à nous, parce
qu'ils sont aux prises avec des situations sociales
et ecclésiales difficiles.

Voilà ce qui sera le but où convergeront tous les
efforts · des communautés chrétiennes de
Québec. Dans le souci constant du partage, du
soutien et du dialogue, fixons-nous cet objectif
missionnaire, tournons-nous vers ceux qui
attendent de l'Église l'amour qu'ils sont en droit
d'attendre".

Cardinal Vachon, 1er juin 1986

Remerciements

Pour leur contribution artistique, à
MIA et KLAUS.

Pour leurs avis et conseils, à
Monseigneur Marc LECLERC
Évêque auxiliaire à Québec;

de même qu'à Jacques BARNARD, Paul BOILY,
Yves BOUCHARD, Lucien CAMPEAU, Marie CHRÉTIEN,
Jacques DUBUC, Françoise GARIÉPY, François JACQUES,
Benoît LACROIX, Jacques LEMIEUX, Gabrielle NOËL,
Michel PAQUIN, Jean-Marie THIVIERGE, Micheline TREMBLAY.

Achevé d'imprimer en novembre 1989
par l'imprimerie Oberthur à Rennes
N° d'imprimeur : 9605

Déposé au Ministère de la Justice à la date de mise en vente
Loi n° 49-956 du 16/7/1949 sur les publications destinées à la jeunesse

Le petit Séminaire de Québec vers 1890.
Fondé en 1663, le Séminaire est l'établissement le plus ancien toujours en activité en Amérique du Nord.
(collection Michel Lessard. Photo Livernois).